経営承継円滑化法と民法特例の法実務

弁護士 鳥飼重和［編著］

清文社

はしがき

最近の日本社会全体に元気がない。その一つの原因に、日本の競争力を支えている四〇〇万社を超える中小企業に元気がないことがあげられる。その中小企業がさらに元気をなくしかねないのが、『事業承継の問題』である。そのため、従来は中小企業における相続問題・相続税問題という個人問題と捉えられていた事業承継を、中小企業の活性化・雇用維持等の社会的見地から見直す動きが出てきた。その流れの中から、中小企業庁の尽力によって、中小企業における事業承継が円滑になるようにする法律が制定された。いわゆる「中小企業における経営の承継の円滑化に関する法律」である。

この法律は、三つの内容から構成されている。相続における遺留分の特例、金融支援措置に関する特例、相続税における非上場株式等の納税猶予である。この法律によって、相当程度、中小企業における事業承継の円滑化が図られる可能性がある。

本書は、この法律の解説をするものであるが、その中心は、相続における遺留分の特例の解説である。この特例は、活用する仕方によっては、事業承継問題の解決に大きな光明をもたらす可能性を秘めている。しかし、本書は、それにとどまらず、第1部第1章の中で、事業承継を「企業の恒久的な存続・成長」という視点から、事業承継の本質・三層構造を明らかにしている。このことを理解することによって、社会的に意味がある真の事業承継とは何かがわかり、その結果、社会に基盤を置く企業の事業承継における骨格ができあがり、真に円滑な事業承継が可能となる。

本書が、事業承継で悩んでおられる創業者・後継者、事業承継の問題に有益な役割を果たしたいと考えている弁護士・税理士・金融機関の担当者・FP等の皆さんにお役に立てれば幸いである。

最後に、本書は清文社の東海林良氏の激励があって完成したのであるため、同氏に深く感謝したい。同時に、本書の完成に最も汗を流した島村謙弁護士、本書のために労をいとわなかった鳥飼総合法律事務所の鈴木淳代さん・岡山恭子さんにお礼を申し上げたい。

平成二〇年六月

弁護士　鳥飼　重和

経営承継円滑化法と民法特例の法実務

CONTENTS

目次

――平成二〇年八月一日付けで、中小企業における経営の承継の円滑化に関する法律の一部の施行期日を定める政令（政令第二四四号）及び中小企業における経営の承継の円滑化に関する法律施行令（政令第二四五号）が公布されました。前者により、中小企業における経営の承継の円滑化に関する法律（円滑化法）のうち、第二章の遺留分に関する民法の特例の施行日は平成二一年三月一日とされ、また後者により、円滑化法第二条第五号に規定する政令で定める業種ならびに業種ごとの資本金の額または出資の総額及び従業員の数が、以下のとおり定められました。

	業種	資本金の額又は出資の総額	従業員の数
一	ゴム製品製造業（自動車又は航空機用タイヤ及びチューブ製造業並びに工業用ベルト製造業を除く。）	三億円	九百人
二	ソフトウェア業又は情報処理サービス業	三億円	三百人
三	旅館業	五千万円	二百人

本書第二刷発行にあたり、付記します。

第1部 総論

第1章

事業承継は恒久的成長をめざすもの

1 企業が恒久的に成長できる秘訣

――金の卵を産む鶏を手に入れよう

(1) 事業承継のモデルとなる企業

事業承継は、単なる財産承継でも、単なる経営権の委譲の問題でもない。財産承継・経営権の委譲はうまくいったが、その後の企業は成長もせず、雇用も増やせないでいる、というのでは、事業承継が成功したとはいえない。真の意味での事業承継が何であるかを考えるには、何代、何十代にわたって、経営者が交代しても恒久的存続・成長を実現している長寿企業を参考にする必要がある。事業承継を一回限りの財産承継・経営権の移譲と捉えるのは、「木を見て森を見ない」ことを意味する。事業承継を森として捉え

図表 1

【ジョンソン＆ジョンソンの経営実績】

売上高	連続 74 年間増収
利　益	連続 23 年間増益
配　当	連続 44 年間増配

ていることが、木を真に生かす道なのである。

そのことを考える際に参考となる企業がある。創業一二〇年という長寿企業であるジョンソン&ジョンソンである。同社は、経営実績から恒久的存続・成長がいかなるものであるかを示している。同社の二〇〇六年十二月末までの経営実績には驚きを禁じ得ない。ある意味では、〝奇跡〟と呼んでもよいかもしれない。数十年の長い期間で見れば、その間に大きな景気の変動が幾度となくあるものである。通常の企業であれば当然のこと、優良企業であったとしても、幾度か大小の不況の影響を受けるものである。そのため、売上高、利益、配当に関して、減収、減益、減配ないし増配はできない、ということがあるのが通常である。

ところが、ジョンソン&ジョンソンは、幾度となく襲ってきた不況の大波小波を乗り越えて、**図表1**のとおり、長期間にわたって増収、増益、増配の経営実績を上げている。

このように同社では、長期間にわたって連続して成長した

図表 2

実績を残している。この経営実績は群を抜いている。この経営実績からして同社は、文字どおり、恒久的に存続・成長している長寿企業である。事業承継の課題である恒久的な存続・成長を考える上で、同社の驚異的な経営実績を生み出す秘訣、換言すれば「金の卵（成長の経営実績）を産む鶏（経営資源・ビジネスモデル）」はどこにあるのかを考える必要がある。それを抜きにして事業承継を構想することは、事業承継における本末（何が本質的に重要か）という事業承継の羅針盤を持たないものとなろう。これを図で示せば**図表2**のようになる。

(2) 経営理念が金鶏（金の卵を産む鶏）

ジョンソン&ジョンソンは米国の上場企業である。米国の上場企業では、証券市場における投資家が短期利益を求めるため、その影響をもろに受けて、株主の利益を最優先に考えて短期利益の最大化を目標にしているところが多い。ところが、ジョンソン&ジョンソンは利害関係者のうちで、株主を最優先の順位とはしていないばかりか、最下位の順位を与えている。同社は、経営理念でその点を明らかにしている。

すなわち、同社は経営理念で「利害関係者」を4類型に分け、その優先順位を次のとおりとしているのだ。

1位は「顧客」
2位は「従業員」
3位は「地域社会」
4位は「株主」

株主を1位の順位にもってこないのには理由がある。それは、同社の目的が同社の4類型の利害関係者に対する社会的責任を果たすことで恒久的存続・成長をすることにあり、その目的を達成するためには、短期的利益を求める株主に高い優先順位を与えてはならないからである。同社は、そのことを明確に自覚している。このように、同社は米国の上場企業の例外として株主を利害関係者の最下位に置いているが、それでも、同社の株価時価総額は二〇〇六年末で世界十一位と高いのである。その理由は、同社が恒久的な成長を目指し、その実績に基づいて四四年間連続の増配をし、株主に対して十分すぎるぐらいの利益還元をしているからである。

四四年前に同社の株式を買った人を思い浮かべれば、いかに同社の株主に対して利益還元をしているかがはっきりわかる。配当額が何倍にもなっているだろう。そうだとすれば、四四年前に同社の株式を買ったときの取得額と四四年後である現在の配当額との関係で配当利回りを考えると、奇跡的な配当利回りとなっているはずである。配当利回りは数十％では済まないであろう。同様に、株価も何倍になっているかわからないぐらいである。

このように株主に対する利益還元の実績があるから、株主を利害関係者の最下位に置いても、証券市場でも高い評価を受けることになるのである。同社はそのくらいに「恒久的な成長」に徹している企業である。同社が「恒久的な成長」に徹している証拠を示そう。その証拠は、同社の創業家出身の三代目社長であるロバート・ウッド・ジョンソン（同社では「ジェネラル」と呼ばれている）の次の言葉である。

「過去数年間の苦しみの中で、人々は本物の経済的貢献と社会的価値を生み出す企業のみが成功する権利を持つということを知り、それを確信してしまった。

恒常的な成功は、より高尚な企業哲学を遵守していくことによってのみ可能になる。

（中略）

社会に対する包括的な責任を受け入れそれを全うすることが、企業のより高度な利益の追求方法なのだ。」

（ジョンソン・エンド・ジョンソンのホームページ「ジョンソン・エンド・ジョンソン一〇〇年史」より。詳しくは、鳥飼重和著『豊潤なる企業』清文社刊を参照）

ジェネラル・ジョンソンは「恒常的な成功」と述べているが、それは「恒久的な成長」に他ならない。このような、恒久的な成長を目指すために「より高尚な企業哲学」として、ジェネラル・ジョンソンは一九四三年、同社に「わが信条」という経営理念を制定した。「わが信条」という経営理念は、同社の社会的に存在する理由として、4類型の利害関係者に対して「包括的（著者注：社会的）責任」を受け入れたものであり、同社はその「包括的責任」を「全う」することで、「より高度な利益追求」を奇跡的経営実績で実現したのである。

「恒常的な成功（著者注：恒久的な成長）」を実現するには、多くの大小の不況の波を乗り越えなければならない。恒久的な成長を目指す場合には、経営不振を不況等の環境のせいにすることは、経営の結果で評価される経営者の禁句である。経営成績の悪化は経済社会環境のせいではなく、経営者の責任である。このような厳しい指弾を受ける覚悟なくして、「恒久的な成長」を口にすることはできない。事業承継を課題とする場合にも、この点を忘れてはならない。定期的に訪れる不況を理由に企業の衰退を認めることは、長期的視野で企業の存続を捉えるべき事業承継では絶対に許されないことだからである。

ジェネラル・ジョンソンが「恒常的な成功（著者注：恒久的な成長）」を考えたのは、一九二九年以降における世界大恐慌を体験し、そのような大恐慌があろうとも、企業は恒久的成長を目指す必要があり、それを可能にするものが「人間の思い＝志・夢」である経営理念という「より高尚な企業哲学」だとの確信に至ったのである。すなわち、「より高尚な企業哲学」である経営理念こそ、金の卵を産む鶏、つまり、金鶏だというのである。このことをジョンソン＆ジョンソンは、奇跡的な経営実績で証明している。

(3) なぜ、経営理念は金鶏となるのか

経営理念が金の卵を産む鶏となり、企業に恒久的な存続・成長をもたらす点では、上場企業でもそうでない中堅・中小企業でも同じである。企業という組織は「人間」が創り、「人間」が動かすものであるから、本質的に見れば、「人間」を離れて企業の恒久的

な存続・成長は考えられない。その「人間」の特性は、何であろうか。

「心で思ったことを実現する動物」

これこそが人間の特性である。この人間の特性が人間が創り、人間が動かす企業の盛衰にとって決定的な意味をもつことは自明である。そうであれば、企業を動かす「人間」である経営者・経営管理者・従業員の「思い＝心の持ち方・考え方」次第で、成長もし、衰退もすることは必然的なことである。このような企業の経営者・経営管理者・従業員の、経営活動にあたるときの「根本的な心の持ち方・考え方」を言葉にしたものが「経営理念」なのである。経営者・経営管理者・従業員が、企業の恒久的な存続・成長を内包した経営理念を本気で心に思いながら経営活動に取り組めば、その企業が恒久的に存続・成長することは、「思ったことは実現する」という自然界の原理原則によって必然的なことなのである。

つまり、経営理念で示される「根本的な心の持ち方・考え方」は、企業の「恒久的な成長の種」を生み出す源となる。すなわち、経営理念は、当該企業が社会に対し経済的貢献と社会的価値を生み出すという社会的使命を果たすための「恒久的な成長の種」を生み出す根源となる。したがって、経営理念に基づいて、時代の要請する社会的使命を経営者・経営管理者・従業員が根本的心の持ち方・考え方として明確に認識し、その使命を十分に果たすならば、社会に信用され支持されることは確実であり、大恐慌のときでも恒久的な成長をすることが必然的になるのは明らかである。人間の原点に戻って考えれば、企業の成長は、その企業を動かす経営者・経営管理者・従業員の心の持ち方・考え方次第であり、その方向性を示す経営理念が経営者・経営管理者・従業員の心の中にいかに根づくか、にかかっている。このことは、真の事業承継を考える際には参考にされてよい。

上場企業とそうでない企業とは、経営のやり方が相当程度違っている。最近の上場企業では、「物を言う株主」の力が増し、機関投資家等の物を言う株主が財務的な視点から企業を評価するため、常に財務を頭で考えながら経営しなければいけない状況になっている。業績との関係で財務が影響を受け、それが株価を上げたり下げたりするのであるから、株価の上昇で収益を上げなければいけない機関投資家にとっては、財務が関心の中心であるのは理解できるところである。そのような機関投資家の財務中心の考え方に翻弄されている日本企業もあるが、主体的に長期的経営をしようとし、しかも業績を向上させている企業は、短期的投資スタンスの機関投資家の影響を受けずに経営をしている。ジョンソン&ジョンソンもそうであるが、日本の中にもそういう企業がある。そういう企業は、経営理念を大切にしていることが多いように思われる。

上場企業ではない中小企業は、ありがたいことに機関投資家の影響を受けないで、長期的経営の視点で経営者の主体的意志に基づいた経営ができる環境をもっている。ただ、それでも中小企業においても、自由競争が激しくなった現状では、二極化している。驚異的な成長を続けている企業もあれば、大きく衰退している企業もある。中堅・中小企業の中で、立派な企業理念を持ち、経営理念が示す社会的使命をしっかり身につけ、それを実践している企業で衰退している企業はあるのだろうか。経営理念は社会的使命を明らかにし、その使命を果たすには、社会がいかに変化しても、その変化から社会の要請を読み取り、その要請に適応することが必要となる。経営理念を忘れず、それに忠実であれば、当然のことながら社会の変化に適応しているはずであり、社会の変化に適応している企業は成長するはずである。

そうだとすれば、衰退している企業は、経営理念が社会的使命を明確にしていないか、経営理念があってもそれを忘れているか、忘れないにしても経営理念が「経営者・従業員の根本的心の持ち方」になっていないか、のいずれかである。つまり、経営理念という企業の存在理由を忘れ、金の卵を産む鶏を飼いながら、そこから金の卵を産ませようとせず、企業の外に金の卵を探しているようなものである。メーテルリンクの青い鳥を髣髴とさせる現実が、衰退している企業には存在する。「経営は人間学である」ことを忘れているためである。いかなる企業も、つまり、大企業、中堅企業、中小企業、零細企業においても、それぞれ立派な金鶏を飼えるのであり、自社が金鶏を自在に作れるし、その金鶏から無限の金の卵を得ることができることを、経営者は認識する必要があろう。そのことが、金鶏を生み出す事業承継の出発点なのである。

結論を言おう。真の意味の事業承継で「承継」されるべき「企業の遺伝子」は経営理念であり、企業ないし事業がもつ「社会的使命を果たす覚悟」である。「経営理念＝社会的使命の承継」のない事業承継は、砂上に楼閣を築くようなものである。「社会を忘れた事業承継」は「社会から忘れられる（捨てられる）事業承継」となるということである。これが人間の社会における厳粛な鉄則である。

明治日本の驚異的な成長も、同じ鉄則の活用に基づいている。人間の成長が組織である国家の成長につながるという鉄則が、東洋の一小国に過ぎなかった明治日本を、短期間のうちに世界の強国にしたのである。その鉄則を企業に用いれば、現在は零細な企業でも、中小企業でも、瞬く間に、強い企業に成長することができる。この点の詳細を知りたい方は、鳥飼重和著『豊潤なる企業』を参照していただきたい。

2 恒久的な成長は広大無辺な自由な領域にある

恒久的な成長が広大無辺な自由な領域にある点では、上場企業ばかりではなく、零細企業でも、中堅・中小企業でも、個人事業でも同じである。このことは、税法・民法等という法律の規律を視野に入れることが多い事業承継を考える上では重要である。

そこで、まず、法律的規律の非常に多い上場企業の例を取り上げてみよう。そこから、上場企業でない企業・個人事業でも、法律的規律が多くても、実際には、恒久的な成長の基礎となる広大無辺な自由な領域がある、そのことが理解できるであろう。

(1) 上場企業は法律的規律に縛られることが多い

平成十九年の上場企業の株主総会で問題になったのは、株主に今までよりも広い範囲で情報開示しようという方向性をもつ会社法への対応である。すなわち、会社法・法務省令は、従来要求されていなかった詳細な情報の開示を要求した。そのため、上場企業の多くでは、この法律の要求する規律に対応するため、要求されている記載を「どこまで」「どのように」記載するかが重要な課題となった。つまり、情報開示の法律的規律を視野にした行動をとったのである。

ところが、少数ではあるが、会社法・法務省令という法律的規律に対応したことは当然であるが、その規律を上回る自由な領域によって対応した企業もある。その典型例がエーザイである。エーザイの招集通知・その添付書類は、二〇〇ページ弱の索引付きで一冊の本のようになっている。

それはなぜか。それは、エーザイが経営理念（エーザイでは「企業理念」という）に忠実だったからである。この点が中小企業の経営にも、事業承継にも役立つので、紹介することにする。

(2) 法律的規律に縛られない自由な領域

法律は人間や企業を拘束する面があるから行動基準として高い位置にあるように見えるが、実際の要求水準は低いものである。規制対象者にとって不可能なことを強いないのが法律の鉄則であり、「通常の対象者がやれること」を標準に置いているのが現実を規律する法律の宿命だからである。そうであれば、次のことが言える。

「通常の企業にできることをしても、自由競争で勝者にはなれない」

つまり、企業が法律的な規律を守ったとしても、それは通常の企業にできることをしただけのことであるから、自由競争で勝者となることを期待することはできない。すなわち、企業が自由競争で勝利し、恒久的な存続・成長を図るには、法律的規律を超えた自由な領域で行動し、通常の企業よりも社会的価値があることをして、社会の期待に応えなければならないのである。法律的な規律を守るという社会では当たり前のことだけに汲々としている企業は、恒久的な成長を勝ち取るという意味での勝者となることはできない。

このような法律的規律の対応に汲々としないで、法律的規律を超えた自由な領域で勝負するには、経営者の戦略的な経営判断が必要になる。そういう意味では、経営者は、会社の恒久的な存続・成長という視点から、会社全体のことを見ていなければならないはずである。これは本来、経営者の目配りすべきことであり、その対象には経営に影響を与える法律も入っているはずである。

ところが、ほとんどの経営者は、法律は自分たちには関係がないと思い込んでいる。そのため、経営問題となる法律に目を向けず、法律問題を法務担当や顧問弁護士などの専門家に任せておけばいいと思い込んでいる。特に、中小企業であると、弁護士という専門家とは縁をもとうともせず、法律専門家ではないコンサルタントや金融機関の職員等に法律問題を相談している実情がある。それが原因で、法律を無視する不祥事が起こる場合がある。つまり、「経営者の法律の無知」が不祥事の原因なのである。

そのため、会社法と金融商品取引法は、内部統制に関して法律的に規律した。これらの法律的規律に対応する場合には、「経営者が法律に無知」なのは、「企業における重大なリスク」と捉えることになる。内部統制が法律的に規律される今後は、法律に関心をもたない経営者は、自由競争から離脱させられることになるだろう。時代の常識は変わったのである。

問題は、法律的な規律によって、経営の自由が大きく制約されるかどうかである。この点に関して、松下幸之助翁の次の言葉が参考になろう。次の言葉は、今でも通用する至言である。

「もちろん法律というものもあるにはあります。しかし、それは企業の活動のごく一部に関するものにすぎないのであって、はっきり文章にあらわされたルールというものはほとんどないといっていいでしょう。……

ですから、企業自身が良識を持って、つねに何が正しいかを判断しつつ……そういうことに対する正しい認識を持たなくてはならないと思います。」

（松下幸之助著『企業の社会的責任とは何か？』ＰＨＰ研究所刊）

最近は、いろいろな法律の規律が厳しくなっているが、その法律的な規律を超えたところで、経営者に与えられた経営の自由の領域は現在でも広大無辺である。この現実を経営者はしっかり認識すべきである。社会に期待される価値を生み出すことについて、法律はほとんど規定していないはずである。ここに、企業の恒久的な存続・成長の基礎となる「経営者に与えられている自由な領域」がある。経営者が常に注視しなければならないのは、この自由な領域なのである。

経営の自由の領域が広大無辺であるため、経営者が何をすべきかについて経営判断をする際に迷う可能性がある。そのため、恒久的に存続・成長するために「何が正しいか」を判断するための基準、一種の羅針盤が必要である。それが各々の企業の存在目的である「経営理念」なのである。結局、経営理念が、広大無辺な領域から企業の恒久的な存続・成長を引き出す「根源的な経営源泉」となるのである。すなわち、通常の経営資源である「ヒト、モノ、金」等は有限であるが、経営理念は広大無辺な自由の領域か

図表 3

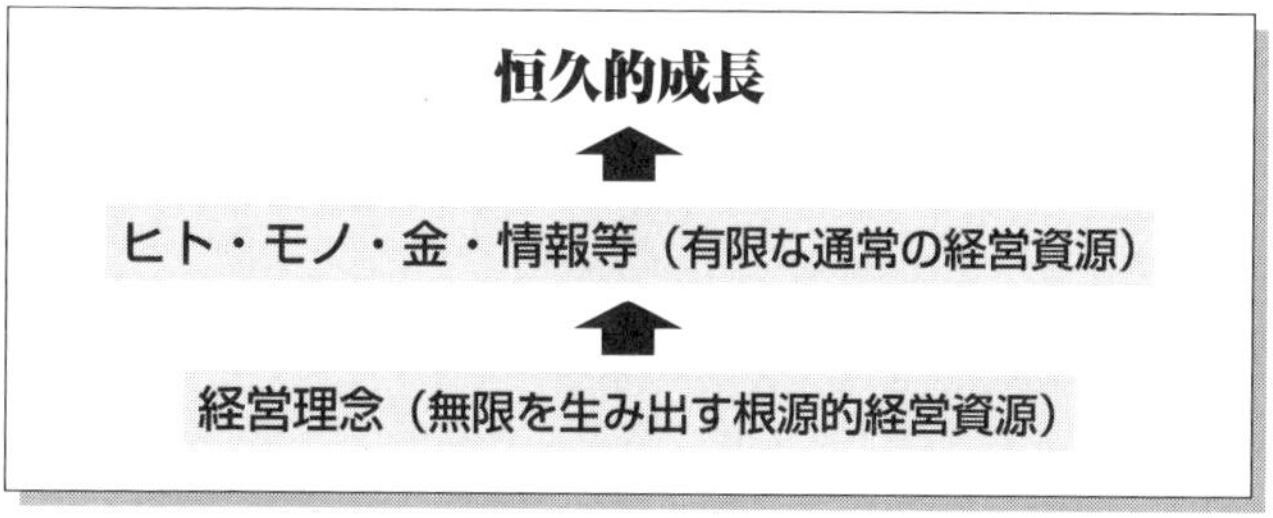

ら来るものであるため、有限な経営資源の基礎となり、有限な経営資源を無限なものに転換する根源的な経営資源なのである。そのことを理解したジェネラル・ジョンソンは、次のような結論を述べている。

「恒常的な成功（著者注：恒久的な成長）は、より高尚な企業哲学（著者注：経営理念のこと）を遵守していくことによってのみ可能になる。」

（『豊潤なる企業』前掲書二二五頁）

つまり、より高尚な企業哲学という経営理念が根源的な経営資源となって、ヒト・モノ・カネ等の有限な経営資源の活用を介して恒久的な成長が可能となる、ということである。これを図にすると**図表3**のようになる。

経営理念は最も根源的な経営資源であり、それを実際の経営に活用すれば最上位の行動基準となる。そうはいっても、社会の状況は時々刻々変化するから、その変化に対応して、最も適切な行動基準を経営理念から導き出すのは容易ではない。すなわち、時々刻々変化する中に、その変化に対応して最適な行動基準を抽象的なことしか書いていない経営理念を用いて具体化することは容易ではない。そのため、ほとんどの企業では、経営理念から具体的な行動基準を導こうとすることはしない。

ところが、ジョンソン&ジョンソンは、具体的状況下にある個々の問題において経営理念から具体的行動基準を立てて行動している。それは、同社の経営理念である「我が信条」に対して、次のような信念があるからである。

「『我が信条』の中に、必ず答えはある。」

この考えの基礎にあるのは、「我が信条」という経営理念は無限な自由の領域とつながる根源的経営資源であり、無限であるがゆえに、そこから必ず最適な回答が得られるという信念である。この信念は、ある意味では一種の宗教的信念に近いものがある。換言すれば、ジェネラル・ジョンソンは、企業経営に係る経営者・経営管理者・従業員の全員の心に恒久的な成長の信念の種を植えつけようとしたのである。

その結果、ジョンソン&ジョンソンは「我が信条」という信念を経営資源として活用した経営をし、それが驚異的な経営実績によってジェネラル・ジョンソンの次の言葉を実証したのである。

「社会に対する包括的な責任を受け入れそれを全うすることが、企業のより高度な利益の追求方法なのだ。」

（前掲書二二五頁）

「我が信条」という経営理念は、企業は社会的存在であり、社会的価値を実現し社会的責任を全うすることで、企業は恒久的に存続・成長できるという経営哲学を示すものである。この経営哲学は、常に変化する社会の立場から経営をすることを要求しているため、常に社会の変化による社会のその時々の要望に適応しようとし、景気の良いときでも、景気が悪いときでも、あるいは大恐慌時でも、企業が成長することができる原理原則を示している。その意味では、経営理念という人間の志・考えが、いかに素晴らしい創造力をもっているかを証明するものとして見直されてよい。要は、経営の技術的側面の重視以上に、人間の思考による創造力の素晴らしさに、今一度、目を向ける必要があるということである。人間は機械ではなく、「思い」という生身の心で生きており、それが人間が創り、人間が運営する組織の盛衰に直結しているという組織の原点を思い起こすことが重要なのである。

企業はなぜ恒久的に成長するか。それは、企業の構成員である経営者・経営管理者・従業員に「わが社の業の社会的使命を認識する」という人間的成長があるからである。企業という組織は人間が創り、経営者・経営管理者・従業員という人間が動かすものであるため、会社の業績は経営者・経営管理者・従業員という人間が成長し、その思考と行動の程度が高くなるかどうかで決まってくるのである。

見方を変えれば、経営理念は企業の存在の「目的」である。企業には、それを何のために創り、何のために運営していくのかという「目的」があり、財務は「目的」を達成する手段となる「目標」の数字でしかないのである。企業の存在の目的は人間の「思い」である志であり、夢である。経営をする際に、常に、この人間の志や夢を念頭に置いていれば、その実現について熱意をもった取り組みができる。この熱意が人間を成長させる最大の要因なのである。

ところが、企業の存在の目的である経営理念を念頭に置かず、財務数字である「目標」を中心に経営すると、その実現のために熱意を持ち続けるには、報酬等による特別なインセンティブが必要になる。米国の上場企業は、そのため、高額な報酬・ストックオプション等によるインセンティブを重視した経営をしている。ここから成果主義が出てくるわけである。

「目的」で生きる会社と「目標」で生きる会社では、長期的に見れば、「目的」で生きる会社が勝つ確率が高いであろう。人間は「目的」で生きるときは自分の行動に意義を感じているから人間的に成長し、金銭的要求を超えたところで行動することができる。家族、社会、国家のために、自分の命をかけることができるのは、正しい「目的」を「思い」として行動するからである。この人間の崇高な性質を経営に活用しようというのが経営理念を重視した経営である、と理解できる。しかも、このような経営は、上場企業ではない中小企業が実践しやすい考え方である。ある意味では、中小企業ほど、時代に最も適応できる経営、つまり、いかなる環境の変化があろうと、生き残れる企業として最適なものはないのである。ところが、現状の日本の中小企業の経営者は、中小企業の最強の長所を忘れてしまっている。

繰り返しになるが、重要であるので述べる。ジョンソン&ジョンソンでは、三代目の社長であったジェネラル・ジョンソンが、「大恐慌の時でも成長できる企業になるには何が大事なのか」を徹底究明し、それを「我が信条」という経営理念に集約した。

「なぜ、大恐慌の中でも成長できるのか。」

大恐慌時は、誰もが、一歩先が読めない状況である。現在のサブプライム問題の先行きが不透明であるのと同じである。つまり、景気の成り行きは不透明なのである。その際、経営の方向性を景気から判断することはできない。数値目標などから何をすべきかの明確な経営方針を導き出せない状況なのである。そのため、大恐慌時は、財務目標の経営では目標があるだけいいのであるが、それだけでは不透明な経営となり、精度の高い羅針盤がない状態となる。その結果、巨大な企業でも、経営方針を立てられず、あるいは、経営方針を間違えて、倒産する事態も稀でなくなる。

ところが、こういう不確定で見通しの不透明な状況でも、その状況を乗り切る経営の羅針盤となるものが経営理念である。企業の存在の根本に立ち帰ることである。つまり、企業の存在理由である企業理念こそが、不確実で不透明な状況を乗り切る羅針盤となるのである。この経営理念という羅針盤には、企業がどういうことをすれば恒久的に存続・成長することができるかが書いてある。まさに、「答えは経営理念の中にある」のである。恐慌期の社会では、好況期の社会にも増して、社会が企業に要望・期待することが多く、同時に、それは切実なものであるため、何を社会が求めているのか、どうすれば社会に貢献でき、社会に信頼をしてもらえるか、の材料に事欠かない状態である。この切実な社会の要望・期待に応えれば、恐慌期は好景気のときよりも、企業は恒久的に存続・成長することができるようになっているのである。

重要だから繰り返して言おう。大恐慌時でも、企業の恒久的な存続・成長を支える社会は厳然と存在している。むしろ、大恐慌のときこそ、社会は企業に期待するものが大きくなる。その社会の期待を読み取り、何をすれば社会の期待に応えて貢献できるか、何をすれば社会から信用されるかを考え、そこから回答が出てくるようになれば、企業は必然的に成長することができる。このように、社会の大きな期待に応えようとする羅針盤をもって経営をする企業は稀であるだけに、このような企業は、景気が悪いとき、特に、恐慌時ほど、成長することになるのは自然なことである。松下幸之助翁が、不況期のときほど成長できる、と述べているのも、当時の松下電器が企業理念経営を忠実に実践していたからである。

経営者が高い行動基準をもたない、示せていない場合には、法律改正などがあると、それに適応しようとする現場は、「どこまで」やっていいのかわからなくなる。そのため、経営の高い基準を忘れ、「法律」というそれ自体低い基準に適応するしかないことになる。法律は最低の行動基準であるから、法律どおりにやったとしても社会からは当たり前のことをやっているとしか映らないし、特に社会貢献度が高まるわけでもないし、企業のブランドイメージも向上しない。その結果、法律どおりやっても成長するわけがないし、競争に勝てるわけがない。それにも関わらず、そういう低いところに焦点を合わせてお金を使っているから、内部統制の法律規律に対応するための行動が、コストの問題という話にもなってくるわけである。

今は、ほとんどの経営者は法律問題に対し経営的視点からの方針を出さない。それは、経営者が法律の問題も含む会社経営の全体についての目配りがないからである。その意味では、経営者は「法律に無知」になっているし、同時に、会社全体を鳥瞰して見ていない。しかし、法律を基礎にした自由競争社会となる今後は、法律はルールとして活性化されていき、経営に重大な影響を与える時代に入ることは明らかである。そういう時代では、経営者が法律に無知・無関心では、経営者として通用しなくなる。したがって、経営者は法律問題も経営者が関心を払うべき対象であるというところを押さえ、さらに、行動基準を、法律基準を超えた企業理念等の上の方へ引っ張っていく経営をしなければならない。経営者が法律に無知なために法律違反だと思わないで行動し、後に法律から復讐され大変なしっぺ返しを受けているのが、今の一部の大企業である。中小企業でも、そのような状況がある。

「自分のため」、「会社のため」という内向きにばかり発想するのではなく、「お客様、従業員、株主等の利害関係者の利益」を優先するという考えに立ってこそ、恒久的に成長できると発想することが重要である。そのために、不祥事を起こさないことは重要であるが、仮に、不祥事があったとしても、社会的責任を負える企業はそこでも成長することができる。社会的責任感や危機管理感覚を常にもっている会社は、社会の信用を取り戻すことも早くできるものである。そういう企業こそ、顧客等の利害関係者が求めている企業であるから、社会の支持を受けて成長を続けることができるのである。

中小企業は、経営者の一存で社会的責任を果たす経営ができるわけだから、経営理念に忠実な経営をしていれば、中小企業を社会が見捨てるわけはないということである。そういう社会に見捨てられず、むしろ、社会に期待される存在として、恒久的な存続・成長をする企業であり続けるようにすることが、事業承継の真の目的なのである。

3 事業承継の三層構造

真の意味での事業承継を考えるには、事業承継が三層構造になっていることを理解す

図表 4

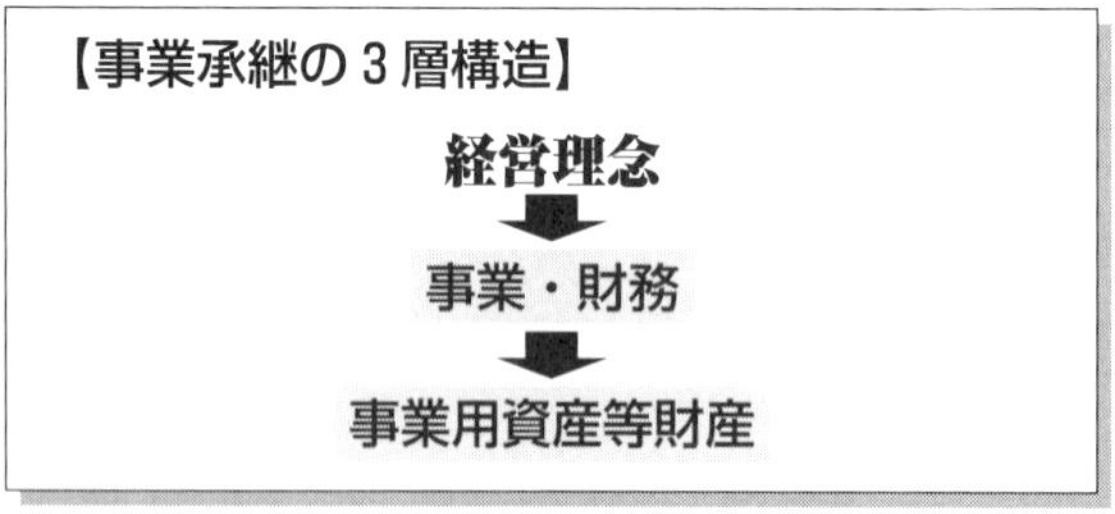

る必要がある。事業承継の三層構造を図に示すと、**図表4**のようになる。

一番上の層が経営理念である。社会で顧客等利害関係者との関係で事業をしていれば、明文化しているか否かを問わず、事業の基礎に必ず創業ないし経営の理念はある。これが企業の遺伝子であり、事業承継の根源はここにある。この経営資源の根源に企業の恒久的な存続・成長の基礎があり、その基礎となる経営資源の承継こそが事業承継だからである。

二番目の層が、企業理念に基づいて行う「事業」である。事業は数字的に把握されるから、事業は同時に「財務」という面を伴う。事業は黒字でないと企業の成長はあり得ないので、事業を行う上で利益が重要になってくる。ここで、事業による利益は企業の恒久的な存続・成長を考える場合には、経営理念からの規律を受けることになる。すなわち、企業の恒久的な存続・成長を図るには、事業による利益は、

図表 5

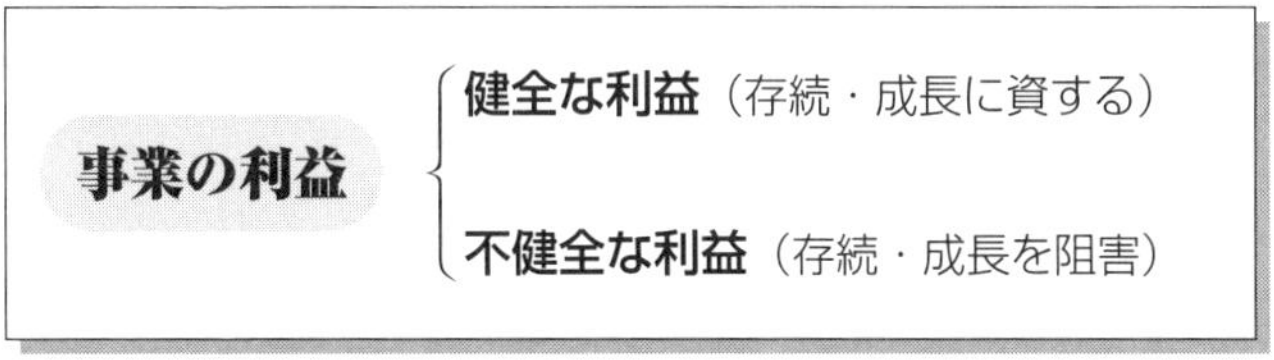

経営理念に基づくものである必要があるからである。つまり、何でも良いから利益額が大きければ良いのではない。経営理念からみて、利益には二つの種類がある。一つは、健全な利益である企業の恒久的な存続・成長に資する利益である。もう一つは、不健全な利益である企業の恒久的な存続・成長を阻害する利益である。これを図にすると、**図表5**のようになる。

つまり、企業の恒久的な存続・成長を重視する場合には、「経営理念」と「事業による利益」との間には明らかに階層を異にする優先順位があるのである。すなわち、企業の恒久的な存続・成長を実現するには、「経営理念」が目的として優先し、「事業による利益」が経営理念で示される目的を達成する手段として下位の位置づけをもつことになる。そのため、事業による利益も、経営理念という目的の達成との関係で厳然とした区別を受けることになる。つまり、経営理念の達成に役に立つ利益である「健全な利益」と、経営理念の達成を阻害する「不健全な利益」に区別されるのである。

これは、次のような箴言からの要請でもある。

「義は利の元なり」

「義」とは、経営理念に基づく社会的使命を果たすことである。それによって恒久的な存続・成長を可能とする健全な利益という「利」を生み出すということである。

したがって、目的である経営理念と手段である事業の利益との間には、次のような関係が必要となる。

経営理念（目的）

⬅

健全な利益（手段）

三番目の層として、事業用資産等の財産が位置づけられる。その財産は事業・財務に活用され、健全な利益をもたらす経営資源となり、同時に、事業・財務活動の結果として変動するものである。このように、真の意味の事業承継を考える際に一番下の層にあるのが事業用資産等の財産である。従来の事業承継問題では、この事業用資産等の財産の承継が最重要課題であった。なぜなら中小企業では経営者が同時に大株主であり、同時に事業用資産等の財産を個人的に所有するため、オーナー経営者の死亡による相続問題が経営権の所在・事業用資産等の財産の行方に重大な影響を与えることになるからである。そのため、支配株式及び事業用資産等の財産に関する相続争いと相続税の納税が従来の事業承継の中心をなしていた。その結果、支配株式と事業用資産等の財産をめぐる争いは民法を中心として弁護士、相続税の納税は税法を中心として税理士という専門家が活躍する場となったのである。実際の事業承継では税金問題が重視され、税理士が中核的役割を果たすことになった。今後の事業承継でも、税金問題は重要なものであることに変わりはない。

ただ、真の意味の事業承継を考える場合には、事業承継の三層構造を理解する必要があり、相続争いや税金問題を考える上でも、優先順位の高い「事業・財務」、「経営理念」を考慮する必要がある。そうでないと、企業の恒久的な存続・成長を目指すべき事業承継が、企業の衰退をもたらしかねないからである。すなわち、事業承継を考える上で最も重要なのは、経営理念を承継することであり、経営理念が出発点となって事業・財務活動を行い、その結果、事業用財産等の資産を増やしていくことになるという構造を創り、企業の恒久的な存続・成長を図ることである。簡潔に言えば、事業承継にも社会の目を入れ、相続問題という個人の問題としてのみ捉えるべきではない、ということである。まさに、事業承継は社会領域の問題であり、個人の領域を超えている問題なのである。

ところが、従来の事業承継では、事業用財産などの財産が税法の問題として最重要視され、個人領域の問題として捉えられ、そこに焦点が集中していた。これは、社会的領域の問題を基礎とすべき真の意味の事業承継から見た場合、本末転倒になっていたというべきである。

今後は、事業承継を社会的領域の問題として捉え、真の意味の事業承継を実現する社会的雰囲気を醸成する必要がある。その見地から事業承継を押さえることが重要であろう。支配株式及び事業用資産等の個人財産があるがために事業承継を個人の領域の面に捉われてしまっては、当該企業の社会的使命が忘れ去られ、企業の恒久的な存続・成長による社会貢献が期待できなくなり、社会的損失が大きいものとなろう。すなわち、社会的な領域から見て、事業承継を個人領域の問題と見ることによる失敗が雇用者の減少をもたらすばかりでなく、多くの社会的に有用な中小企業の存在に支えられている日本の産業構造が大きく毀損することになるのである。

これではいけない。後継者は経営理念とそれに基づく事業を承継することを忘れてはならず、支配株式及び事業用資産等の財産はそのための手段であることを認識すべきである。後継者がいない場合には、企業の存在理由をよく理解した一族以外の者が経営を承継するＭＢＯも視野に入れるべきである。あるいは、経営理念の承継はないが、しっかりした経営理念をもった企業に対してＭ＆Ａをして、事業を承継してもらい、その事業が従来以上の社会貢献を果たすことができるようにすることが社会領域の問題として望ましい。そうすることで、顧客、従業員、取引先等の利害関係者に迷惑をかけないことも視野に入れる必要があろう。真の意味の事業承継を考えると、事業承継においても、それなりの社会的責任の果たし方があるのである。そういう意味では、従来の事業承継への対処で一番欠けていたのは、経営理念・事業のもつ社会的立場である。

4 事業承継における「相続」と「遺言」の活用

事業承継では相続が視野にあるため、相続人間での〝争族〟の問題が重視され、「相続」と「遺言」が問題となる。そこで、〝争族〟ひいては争いが長期化する〝争続〟を防止するために、「相続」と「遺言」の本来の意味を理解することが重要になる。「相続」と「遺言」の本来の意味が理解できれば、事業承継において争族をなくすにはどうしたらよいかの道筋がわかるからである。

(1) 相続の捉え方

「相続」について、事業承継を頭に入れた上で、字源的な見方をすることにする。まず、「相」における「木」は、被相続人であるオーナーの経営する姿と捉えることができる。「相」における「目」は、後継者及びそれ以外の相続人たちがオーナーの経営する姿を見ていることと捉えることができる。イメージ的には次のようなことになる。

後継者等の相続人たち
⬅
見る＝「相」
⬅
オーナーの経営する姿

オーナーの経営する姿を熱心に見ていると、次第にオーナーの経営する際の思いや考え方がわかるようになる。すなわち、企業を起こし、それを存続・成長させてきたオーナーの原点、結局、それは「創業の精神」「経営理念」「企業の存在理由」という「オーナーの経営に対する根本的メッセージ」を受け取ることを意味する。

次に、「続」を字源的に捉えてみる。「糸」はオーナーの企業に対する思い入れとしての経営が継続していることと捉えることができる。ところが、オーナーの死亡によって、オーナーの企業に対する思い入れとしての経営の「糸」が切断されてしまう。そのとき、オーナーの経営する姿を見ていた後継者が、切断されたオーナーの企業に対する思い入れである根本的メッセージを理解して受け止めているため、切断されたオーナーの企業に対する思い入れの糸をもう一度つなげて、企業の経営を承継することになる。このように一度切れた「糸」をつなげて企業経営を続けることを「続」と捉えることができよう。これを図にすると、**図表6**のようになる。

要は、「相続」は後継者である相続人側で、被相続人であるオーナーの企業に対する思い・メッセージを受け止める面を示すものである。「相続」では、後継者である相続人が経営を駅伝のランナーのような気持ちで受け取るため、事業承継において経営理念を遺伝子として受け継ぐことになろう。さらに、経営理念とそれに基づく事業を次の後

図表 6

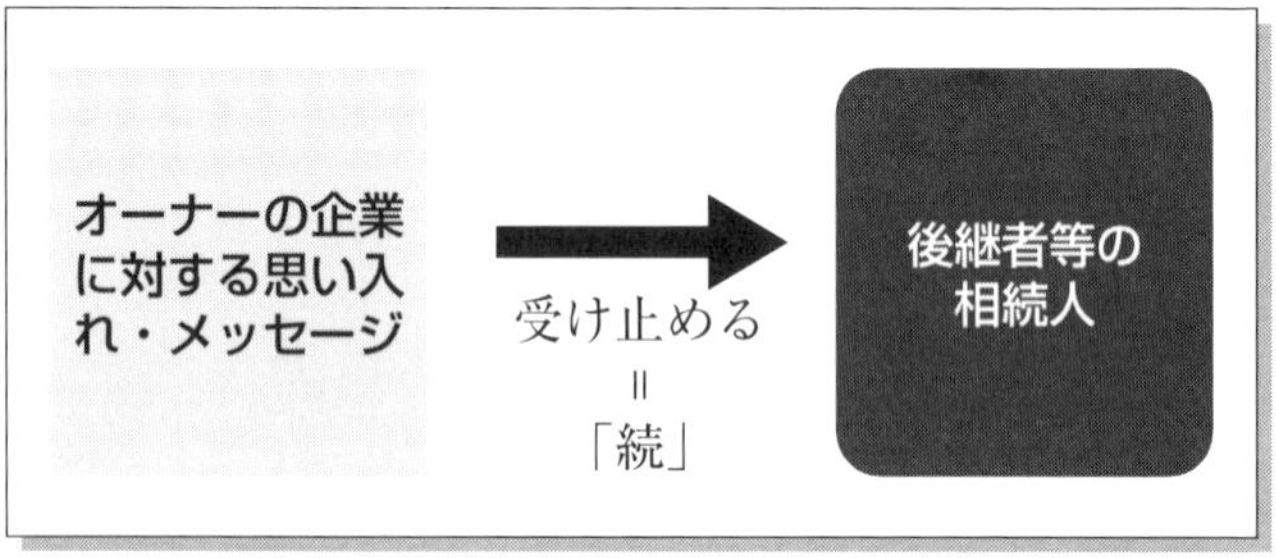

継者に引き継ぐことを考え、恒久的な存続・成長を考える経営をする傾向になると思われる。結局、「相続」による駅伝ランナーの襷（たすき）渡しのような事業承継となる。その帰結が「長寿企業」という一〇〇年以上存続し、そして成長を続けていく歴史ある企業となる。

(2) 遺言の捉え方

「遺言」の「遺」を字源的に捉えてみる。「貴」は、オーナーが考える人生で「最も貴重なもの」と捉えることができる。「辶」は、死出の道で、オーナーが考える「最も貴重なもの」を現世に残していかなければならないことと捉えることができる。そのため、オーナーが人生の最後の道で、自分の人生にとって「最も貴重なもの」と思っていることを言葉で残そうとすること、これが「言」の意味であり、最終的には「遺言」となる。つまり、後継者等に対し、オーナーが自分で「最も貴重な

図表 7

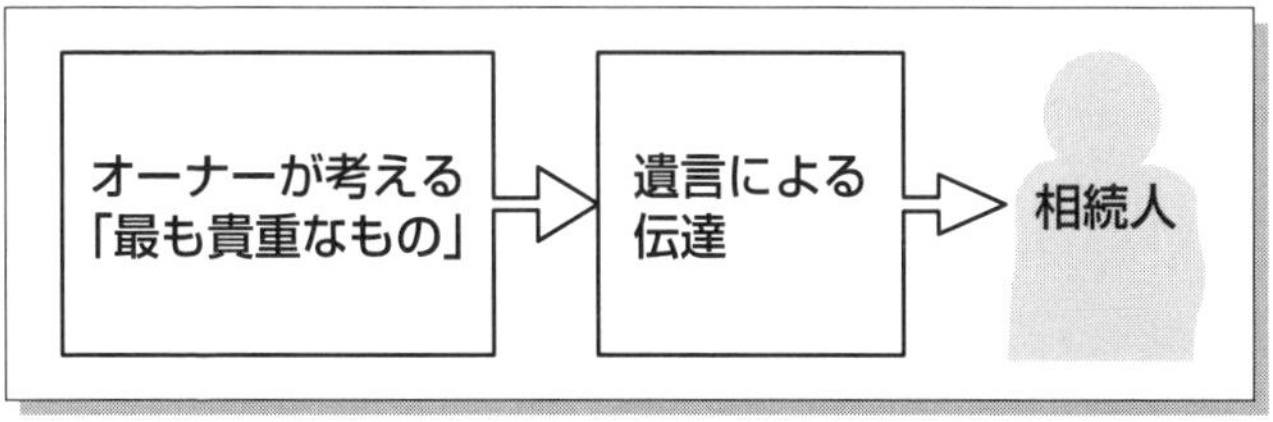

ものが何か」を明らかにし、そのわかって欲しいことを言葉にして、メッセージとして残すことが「遺言」なのである。これを図にすれば、**図表7**のようになる。

要は、遺言は亡くなるオーナーの、後継者等の相続人に対するメッセージなのである。事業承継で「相続」があるのならば、「遺言」は不要かもしれない。オーナーが遺言を残さずとも、後継者たちの方で、オーナーが思っている「最も貴重なもの」をすでにメッセージとして受け止めているからである。ところが、字源的な「相続」が行われない場合には、後継者たちはオーナーが思っている「最も貴重なもの」が何であるかのメッセージを受け止めていない。そのため、死に際して、オーナーは「遺言」で自分の方から後継者等に対しメッセージを伝えなければならないことになる。親子関係の断絶の多い現状では、事業承継に関するオーナーと後継者等の間で、密接なコミュニケーションを図る必要があるとともに、オーナーの企業に対する思い入れを伝えるために「遺言書」を残すことは重要になっている。事業承継が社会の領域の問題として捉えられるべきであることからすれば、オーナーが字源的な意味での「遺言書」を遺すことは、オーナーにとって、企業の恒久的な存続・成長を図る上での社会的な責任だと言えよう。

(3) オーナーの思いを伝える遺言書の書き方

民法に遺言書について規定がある。民法は、相続をめぐる紛争防止等の観点から、遺言書について最低限を決めるものに過ぎない。そのため、遺言書を法律に従って作成すると、財産の分配が中心になることになる。つまり、「誰々に、いかなる財産をどれだけ分配するか」を書くことになる。法律的な紛争は財産争いが中心だからである。

しかし、真の意味の事業承継を考える場合には、無味乾燥な文章で、支配株式及び事業用資産等の財産の分配を書くことは望ましくない。遺言書は相続人等の間で不平等な財産の分配をするために書くことになるから、それだけを文章化すると、少ない分配しか受けない相続人は心情的に納得しないばかりか、強い反発を誘発する可能性が生じよう。その結果、遺留分に配慮した遺言書の場合には、法的紛争にはならないが、肉親的な意味での紛争になり、親子兄弟間の人間関係の断絶という不幸が起こることになる。ましいて、遺留分に配慮不足がある場合には、法的紛争に発展し、その結果、経営に甚大な影響が出ることも少なくない。

字源的な意味での真の遺言書では、オーナーが人生の終わりにあたって考えた「最も貴重なもの」を言葉で明確に示して、その言葉に添えるものとして財産と後継者・それ以外の相続人に対する温かい言葉を述べることが必要である。これが事業承継における正しい遺言書の作成法である。

言葉は「言霊（ことだま）」といわれるように、人の魂の発現であり、同時に、言葉は人の魂に影響を与えるものである。したがって、相続人たちへのオーナーの温かい気持ちを添えれば、少ない財産の配分を受ける相続人の心も癒されるものである。そうなれば、遺産をめぐる法的紛争は防止できるし、さらに、円満な親族的人間関係を継続させることができることになる。

遺言書という法律手段を活かすには、法律に捉われることなく、法律を超えた活用を考える必要がある。事業承継における相続や遺言に関わってくる三層構造を理解し、そこを少し調整するだけで事業承継の結果は、大きく変わってくるものである。そのことを十分理解した事業承継をすべきである。

5 まとめと事業承継に関する法律制定等の支援措置法

(1) 真の意味の事業承継には社会的視点の導入を

真の意味の事業承継は、企業の恒久的な存続・成長を目的とするものであって、個人的な領域だけでなく、企業の社会的な貢献に資するものでなくてはならない。それが同時に、個人的領域でも意義があるものとなる。そのような社会的側面を十分理解し伝承した企業が、一〇〇年以上存続・成長している長寿企業である。襷（たすき）をつないでいく駅伝のランナーのような図式で、経営者間で、次から次へと企業の遺伝子である襷をつないでいく。これが真の意味での事業承継の基本的イメージである。ただ、後継者がいない企業が多数ある現状では、今後の事業承継では、企業の遺伝子である経営理念自体の承継ではなく、他の企業の経営理念を借りて、その上に事業を承継する場合も視野に入れる必要がある。

中小企業の活性化を図ることが、日本の競争力の維持・強化のために必要となっていることから、事業承継でも、相続問題等個人の領域ばかりではなく、社会的な領域を忘れないことが国益上重要になっている。自分の利益ばかりを考えている人と、社会を意識している人とでは、どちらが成長をして社会に役に立つか自明だからである。自分の利益ばかり考えている人が経営する企業は、健全な利益かどうかという利益の質を忘れ、目先の利益のために動きやすい。むしろ、自社利益を重視する経営手腕のある経営者が危険なのである。能力が高いがために、社会のことを忘れて目先の利益で動いてしまうと、伝統ある〝のれん〟に傷を付けてしまうことになるからである。赤福、船場吉兆等の著名な地方企業での最近の不祥事の原因はそこにある。すなわち、長寿企業における社会重視の遺伝子が事業承継によって受け継がれなかったからである。

真の意味の事業承継は、社会的領域を基盤に、長期的な視野で目的をもって取り組まないといけない。その方が、長い目で見ると、企業の存続・成長につながり、個人領域でも望ましいことであり、同時に社会的意味があるものとなる。その意味で、事業承継では、企業の存在理由、あるいは経営理念という原点に帰るところから考えるべきものではないだろうか。

企業の経営者・経営管理者・従業員、こういう企業内の人たちの成長の度合いによって、企業の成長の度合いが決まってくる。松下幸之助翁は、企業が社会的責任を果たして成長するには、経営理念の重要性とともに、人材の育成が欠かせないと言っている。

それは万古不変の原理原則で、自分と家族のことしか考えない経営者は人材の育成ができず、企業を大きく成長させることは期待できない。また、企業の規模が大きくなればなるほど、考え方は社会的なものになるものである。

逆に言えば、企業を本当に伸ばしたいのであれば、経営者と従業員の視野（経営理念）を合わせて、顧客等の利害関係者のことも考え、さらに社会全般のことを考える必要がある。そうすると、差別化しようと意識しなくても、差別化できている企業になっている。経営理念に忠実に経営することは簡単なことではないが、それゆえにこそ他社に容易に真似られることもなく、最高の経営ノウハウを生み出すことになる。企業内の人材となる経営者・経営管理者・従業員の成長をどう捉えていくかについて、事業承継を考える場合に、もう一度確認していただきたいことである。

事業承継では、必ず、株式・事業用資産等いろいろな財産がある。本来、この財産には、目に見えるものだけでなく、目に見えないものも視野に入れることが重要である。特に、経営理念は企業の成長を考える上で、根源的な経営資源であることを理解する必要がある。

また、財産の承継では、全員自分が相続人だと思って相応の分配を受けられると期待しているから、それと異なることが起これば、必ずといってよいほど問題は起きる。そうであれば、紛争が起きることを想定して、いかに事前に防止するかを真剣に検討し、いろいろな場面を想定して、どう対応するか、このことを事前に対処していなければいけない。本来、経営問題も、法律問題も、すべて先手必勝が重要だからである。その意味では、事業承継では、事前に話し合いができれば、同じ血をわけた親子兄弟でわざわざ喧嘩することもなく、仲良くやっていけることが多い。できればオーナーと承継者は親子であってもきちんと話し合うべきである。

(2) 事業承継に対する法律の制定等の支援

事業承継に関して、法律に新しい動きがある。事業承継も社会的領域として重要な点が理解され、国家的施策の必要性があると認識されるに至ったからである。すなわち、事業の円滑な継続を支援することで中小企業の雇用を支え、日本の経済構造の基盤となっている中小企業を支援する趣旨の「中小企業における経営の承継の円滑化に関する法律」（以下、本書中においては「円滑化法」と略す）の制定である。この立法措置には、三つのものがある（**図表8**参照）。

ここでは、まず、②と③について簡単に説明し、その後で、①の遺留分に関する民法の特例について説明することにする。

図表 8

【中小企業における経営の承継の円滑化に関する法律の 3 つの立法措置】

① 遺留分に関する民法の特例
② 金融の支援措置に関する特例
③ 非上場株式等に係る相続税の 80% の納税猶予等の措置

②の金融の支援に関する特例は、代表者の死亡等に起因する経営の承継に伴い事業活動の継続に支障が生じていることについて、経済産業大臣の認定を受けた中小企業及びその代表者に対し、必要な資金の支援をする特例措置を認めようとするものである。具体的には、中小企業信用保険法・株式会社日本政策金融公庫法の特例を設ける。この特例措置は、事業承継の際の経営者交代による信用不安に対処し、株式や事業用資産の買取りという資金需要に応えるためである。

③の非上場株式等の課税価格の八〇％に対応する相続税の納税猶予等の措置は、相続税の負担の軽減の視点から非上場株式に関する相続税の軽減措置を認めようとするものである。この制度は、自社株に対する従来の軽減措置を大きく変更するものである。その主要な差異は次のとおりである。

（ⅰ）一〇％減額から八〇％納税猶予へ

従来は、自社株の課税価格を一〇％減額するものであった。

新しい措置では、自社株の課税価格の八〇％に対応する相続税の納税を猶予するものである。

（ⅱ）対象会社

従来は、中小企業のうち、発行済株式総額（財産評価基本通達ベース）が二〇億円未満の会社という対象会社の制限があった。

新しい措置では、株式総額による制限は撤廃され、中小企業基本法上の中小企業すべてが対象になる。

（ⅲ）軽減対象の上限

従来は、軽減対象の上限として、相続した株式のうち、発行済株式総数の三分の二または評価額一〇億円までの部分のいずれか低い額という制限があった。

新しい措置では、株式評価額一〇億円までという限度額が撤廃された。ただ、発行済株式総数の三分の二という制限は維持される。

このように、事業承継税制としての面では、事業承継が円滑になる可能性もあるが、その反面として、事業承継の社会的側面からの制限が設けられることになった。すなわち、中小企業の雇用確保や経済の活性化への貢献を図るための条件が付されている。その典型が、五年間の「事業継続要件」である。例えば、五年間、雇用の八割以上を維持することが要求されている。

①の遺留分に関する民法の特例について説明するが、その詳細は本書の第2章以下で解説するので、ここでは簡単に説明することにとどめる。事業承継の際に問題になる遺留分減殺請求の問題に対し、民法の特例を規定することで、後継者に対する事業承継を円滑妥当にしようとするものである。すなわち、民法上の遺留分減殺請求があると、遺留分に係る紛争が残るし、後継者の経営努力によって増加した株式価値上昇分を、後継者が保持できない不都合がある。そこで、これらの不都合を除去しようとして、遺留分に関する民法の特例を創設したのである。

一つは、贈与株式等を遺留分算定の基礎財産から除外できる制度である。これによって、後継者等は生前贈与された自社株式等を、遺留分算定基礎財産から除外することで、遺留分に関する紛争を防止しようとするものである。

もう一つは、贈与株式等の評価額を予め固定できる制度である。

これは、後継者に生前贈与された自社株式等の評価額を予め固定し、それによって後継者の経営による貢献によって上昇した株式価値の上昇分を、後継者が保持できるようにしたのである。

これらの制度を利用するには、遺留分権利者全員で合意をした上、経済産業大臣の確認と家庭裁判所の許可が必要となる。そうであれば、この制度を利用するためには、実際上、先代経営者、後継者、それ以外の遺留分権利者たる相続人との間で十分な話し合いが必要になる。その意味では、この制度を積極的に利用しようとして先代経営者の思いについての話し合いが行われることにより、相互のコミュニケーションが図られ、事業承継における望ましい「相続」関係の構築が可能となる。ただ、話し合いが旨くいかないリスクがあることから、「相続」関係の構築には細心の注意と配慮を払わなければならない。

時代は、事業承継に社会的見地を入れるように要請している。その時代背景を十分理解して、事業承継に取り組んでいく必要がある。

第2章

円滑化法制度の概説

1 中小企業の事業承継

このたび、平成二〇年二月五日に、中小企業における経営承継の円滑化に関する法律（本書では、同法の略称を「円滑化法」という）が国会へ提出された（注1）。

注1　同法は、平成二〇年五月九日に可決成立し、同月十六日に公布された。

現在、わが国における中小企業は約四三三万社にのぼり（二〇〇四年時点『中小企業白書』二〇〇七年度版より）、企業数では日本の九割以上を占めている。そして、中小企業が日本の経済の基盤を支えていることは、広く知られているところであろう。

しかし、中小企業においては、経営者が退任・死亡等する際、後継者に対して経営を引き継ぐにあたって障害が生じることが多いのも事実である。例えば、相続人が多数いると、それぞれの相続人に対して別々に元経営者の資産が承継されることになり、経営資産が分散してしまう。また、経営者が死亡すると相続の問題が生じ、税金や会社の建て直しなどのための多額の資金需要が発生することも多い。このような事情により経営の承継が立ち行かなくなるということは、わが国の経済発展において極めて重要な問題といえる。そこで、中小企業における経営の承継の円滑化を図るため、中小企業における経営の承継の円滑化に関する法律により、これまで問題とされてきたいくつかの点につき、改善が図られることとなった。

2 問題とされていた論点

(1) 民法における問題点

経営を承継する方法としては、大きくわけると親族への承継、従業員への承継、外部の人間への承継、の三つが挙げられよう。これらのいずれの方法を採用するにしても、中小企業の経営承継として最も重要な点は、後継者に経営権や経営資産を集中させるということである。後継者が決定したとしても、当該後継者に何の権限もないということになると、承継後の経営が困難なものとなり、結局、中小企業の承継を成功させるという趣旨を達成することができなくなるからである。

しかし、前記のうち親族への承継という方法を採用する場合、必然的に相続の問題が生じることになる。この点において、民法における相続法制には、経営の集中という観点から従来、多くの問題があった。

中でも、特に重要な問題とされていたのが、他の相続人による遺留分減殺請求権の行使である。

「遺留分制度」とは、被相続人の財産処分の自由と、相続人の生活保護の調整の観点から認められる制度である。すなわち、本来ならば、自己の財産を誰に対して譲渡するかというのは、被相続人の全くの自由のはずである。このように考えると、一人の人間にすべての財産を譲渡するということもできるということになる。しかし、常にそのような自由を認めると、相続人の生活が脅かされるという事態が生じてしまう。例えば、父親の所有する家屋に住み、父親の援助を受けて生活していた子供が、父親の死亡という偶発的な事情により、ある日から突然家に住むこともできず、生活の保障もないということになると、あまりに酷なことになる。そこで民法は、遺留分という制度を認めて、被相続人の一定の財産を相続人に留保したのである。

遺留分を有するのは、兄弟姉妹以外の相続人であり、かかる権利者が減殺請求権を行使すると、遺留分を保全するのに必要な限度で生前贈与や遺贈の効果が失われる（形成権説、判例・多数説）。相続財産全体に対する遺留分の割合は、直系尊属（自己の父母や祖父母など）のみが相続人である場合は被相続人の財産の三分の一であり、その他の場合は、被相続人の財産の二分の一である（民法第一〇二八条）。相続人が複数いる場合は、この遺留分割合に、法定相続分率（注2）を掛けたものが、各遺留分権者それぞれの遺留分率ということになる。

注2　例えば、相続人が配偶者と子二人である場合の法定相続分率は、配偶者が二分の一、子がそれぞれ四分の一となる（民法第九〇〇条）。したがって、この場合、配偶者の遺留分率は $\frac{1}{2}\times\frac{1}{2}=\frac{1}{4}$、子の遺留分率はそれぞれ $\frac{1}{2}\times\frac{1}{4}=\frac{1}{8}$ ずつということになる。

以上のような趣旨を有する遺留分であるが、経営承継の場面においては、これが円滑な事業の承継に対する妨げとなってしまうことが多いのである。具体的には、**図表9**のような問題が生じる。

例えば、被相続人である元経営者が現金・預金を五〇〇〇万円、不動産等を二〇〇〇万円、経営する会社の株を五〇〇〇万円所有していたとする。中小企業の特徴の一つとし

図表9

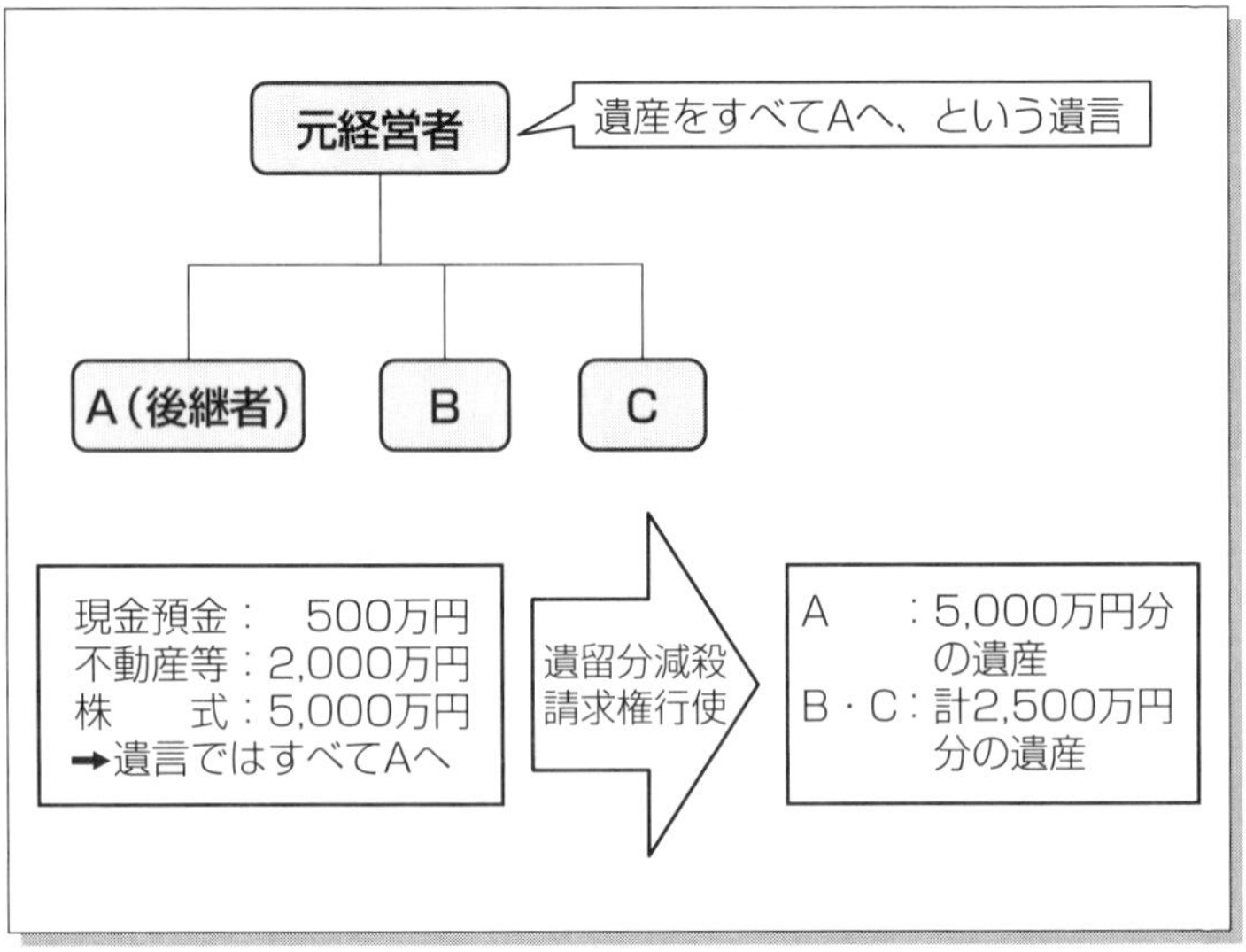

て、事業と所有がわかれていない点が挙げられることがあるが、この事例における経営者も、その典型的な例であるとする。株のみならず、所有する現金や不動産も、個人の財産であると同時に、事業のための資産であるという状況である。

かかる状況の下、元経営者死亡時に、A、B、C三人の子供がいた場合において（妻はすでに他界）、Aのみが後継者であるとする。この場合、たとえ元経営者が事業存続のためにすべての遺産をAに相続させると遺言を残したとしても、B及びCにはそれぞれ六分の一ずつの遺留分が認められる（注3）ため、これを行使されると、Aは相続財産の三分の二しか得ることができない。相続財産である不動産や株式が事業に不可欠な場合でも、Aにすべてを得させることが民法上できなくなるのである。

注3　この事例は「直系尊属のみが相続人である場合…以外の場合」（民法第一〇二八条）にあたるため、B及びCの遺留分の対象は、被相続人の財産の二分の一となる。元経営者の相続人はA、B及びCの三人なので、B及びCのそれぞれの法定相続分は三分の一ずつである。したがって、遺留分として認められる二分の一の財産のうちの三分の一ずつ、すなわち相続財産の六分の一が、B及びCが遺留分減殺請求権行使の結果得られる財産ということになる。

問題は、元経営者が生前にAに事業を引き継がせていた場合において、Aが自己の努力により会社株式の価値を大幅に上昇させていたとき、なお明確なものとなる。すなわち、前記の例において、Aが社長就任後、株式の価値を四倍、すなわち五〇〇〇万円から二億円まで上昇させたとする。そして、二億円まで株式が上昇した時点で元経営者が死亡した場合、B及びCが減殺請求権を行使すると、両者合わせて三分の一を遺留分として得ることになる。とすると、Aは五〇〇〇万円から二億円に増加させた一億五〇〇〇万円のうち三分の二のみ、すなわち、実質的には増加分の一億円しか得ることができないことになるのである。このような制度は、Aが経営者として会社の価値を高めようというインセンティブを失わせることになり、大きな問題であるとされてきた。

(2) 税制上の問題点

問題は、民法上の問題のみではない。次に、相続税の問題も挙げられる。相続税の負担が過大であることは、事業の廃業を検討する要因ともなり、また、後継者の個人資産で相続税を納めることができなければ、会社の資金を使わざるを得なくなり、会社資金の流出という観点からも、中小企業にとって大きな問題である。特に相続税は、日々の事業運営のための支払いと異なり、被相続人の死亡・相続という一時点において、多量の現金を準備する必要があるという点で、中小企業にとっては事業存続に対する大きな支障となっていた。

(3) 元経営者が死亡することによる資金力・信用の低下という問題

仮に相続税を支払うことができたとしても、元経営者が死亡して相続が行われ、株式や事業用資産が各相続人に分散していたような場合、株式や経営に必要な不動産・動産等を買い戻すために多額の資金が必要となる。

また、後継者が相続人でないような場合は、ＭＢＯ等により後継者に経営権を集中させるという手段が考えられるが、この場合も株式の買取り等に資金を要することになる。また、経営者が死亡することにより信用状態が低下すると、銀行や取引先からの借入れや債務の支払条件が厳格になるおそれも存在する。中小企業においては、関係する金融機関や取引先が少数であるところが多いため、かかる状況の変化は重要な問題となる。

このように、経営者の死亡には、必然的に多額の資金が必要となる場面が多いのである。経営承継において、資金の問題を避けることはできない。

3 円滑化法の目的（第一条）

以上のように、経営承継の場面においては数々の問題点が存在するが、前記で述べた問題点について改善を図るべく制定されたのが前述の円滑化法である。このような経緯を踏まえて、同法の第一条においては、以下のように述べられている。

> 第一条（目的）　この法律は、多様な事業の分野において特色ある事業活動を行い、多様な就業の機会を提供すること等により我が国の経済の基盤を形成している中小企業につ

いて、代表者の死亡等に起因する経営の承継がその事業活動の継続に影響を及ぼすことにかんがみ、遺留分に関し民法（明治二十九年法律第八十九号）の特例を定めるとともに、中小企業者が必要とする資金の供給の円滑化等の支援措置を講ずることにより、中小企業における経営の承継の円滑化を図り、もって中小企業の事業活動の継続に資することを目的とする。

第一条の前半部分では、わが国における中小企業の重要性や、経営承継における問題点が指摘されているが、この点についてはすでに述べたとおりである。

そして、同条の後半部分において、円滑化法の示す改善策について概要を説明している。すなわち、「遺留分に関」する「民法の特例」と、「資金の供給の円滑化等の支援措置」である。

以下では、当該制度の概要を見ていくことにしよう。

4 円滑化法が提示した制度の概要

(1) 民法の特例

前述した相続における遺留分減殺請求権により生じる問題を改善するため、円滑化法は、一定の要件の下に、①生前贈与株式等を遺留分の対象から除外すること、及び、②生前贈与株式等の評価額を予め固定することを認めた。

① **生前贈与株式等を遺留分の対象から除外する制度**

すでに述べたとおり、遺留分減殺請求権とは、各相続人が、それぞれ有する遺留分を保全するのに必要な限度で生前贈与や遺贈の効力を失わせ、被相続人の財産のうちの一定部分を留保するという制度である。

これにつき、法は、推定相続人の一人が後継者である場合は、一定の要件の下に、推定相続人全員の合意をもって、生前贈与した株式等の財産を、遺留分算定の基礎となる財産に組み入れないことができるものとした（円滑化法第四条、五条）。

前述した 2 (1)の事例に沿って考えてみよう。

この事例において、元経営者が残した二〇〇〇万円分の不動産のうち、半分が事業のための工場用地であり、残りの半分は元経営者の自宅の土地建物であったとする。この場合、後継者であるAに残しておくべきは、五〇〇〇万円分の株式と、一〇〇〇万円分の工場用地ということになろう。そこで、法の定めるところにより、A、B及びCの三人で、株式と工場用地を遺留分算定の基礎に含めない合意をすることができる。Aは、この合意をもとに、経済産業大臣の確認及び家庭裁判所の許可を受ける。このような手続を経ると、元経営者が死亡した場合において、B及びCが遺留分減殺請求を行使したとしても、両者の遺留分が認められるのは、現金預金の五〇〇〇万円と元経営者の自宅の土地建物一〇〇〇万円の範囲に限られる。したがって、B及びCは、計一五〇〇万円に対して、それぞれ六分の一ずつの遺留分を請求することができるのみとなるのである（**図表10**参照）。

このように制度が利用されれば、後継者に対する資産の集中のために有用なものとなる。もっとも、いずれにしても他の推定相続人全員の合意が必要となるため、民法ですでに定められている遺留分の放棄（民法第一〇四三条）と何ら変わるところがないようにも思える。

しかし、以下の二点で、当該制度は民法上の遺留分の放棄と異なる。まず、民法上でも、遺留分の全部放棄だけでなく、被相続人による特定の処分行為に対する特定の遺留

図表 10

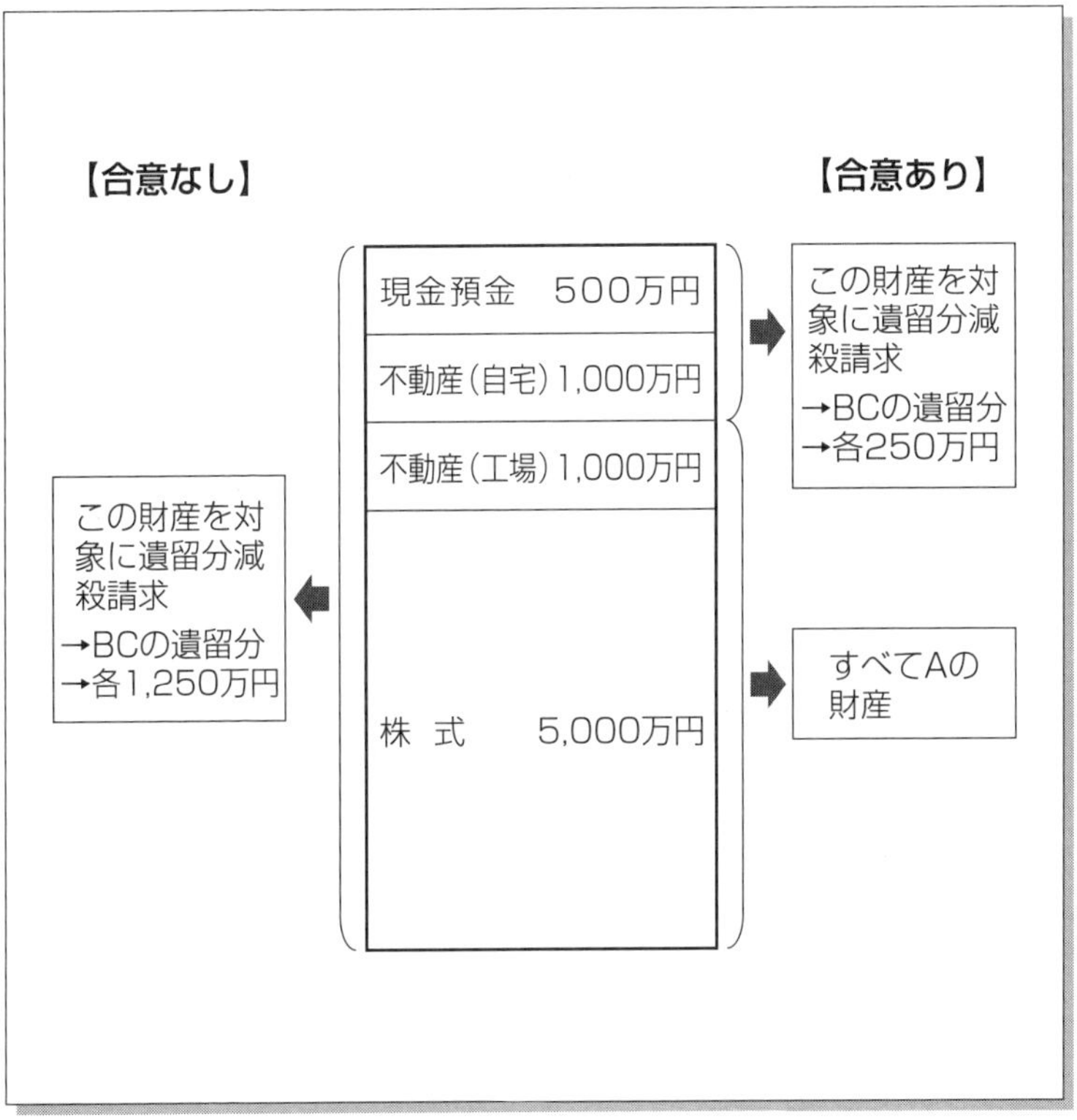
【合意なし】
【合意あり】
現金預金　500万円
不動産（自宅）1,000万円
不動産（工場）1,000万円
株　式　5,000万円
この財産を対象に遺留分減殺請求
→BCの遺留分
→各250万円
すべてAの財産
この財産を対象に遺留分減殺請求
→BCの遺留分
→各1,250万円

分減殺請求権のみを放棄することも可能と解されているが、実務上ではほとんど利用されていなかった。そこで、円滑化法において特定の財産を遺留分の算定対象から除外することができることを明確にしたのである。財産すべての遺留分を放棄するのには抵抗があるが、事業に必要な財産だけなら譲ってもいい、と考える相続人がいれば、この制度により事業用資産を後継者に残すことができる。

第二に、民法上の遺留分放棄の手続と異なり、放棄する人が個別に家庭裁判所の許可申立てをする必要はなく、後継者が単独で申立て行うことができるという点がある。手続の利点については、各論で詳細に述べる。

② 生前贈与株式等の評価額を予め固定する制度

民法上の遺留分制度の問題点として、後継者が、自らの努力により会社の株価を上昇させた場合でも、上昇後の株価で遺留分算定の基礎財産に算入され、一定割合を遺留分により減殺されてしまうことがあるということは、すでに述べたとおりである。

そこで法は、推定相続人全員の合意により、遺留分減殺請求権の対象となる株式の価額を、合意の時の価額に固定することができるものとした（円滑化法第四条第一項第二号）。

先の具体例に鑑みると、株式が五〇〇〇万円の時点で合意した場合、遺留分減殺請求権の対象になる株式も、五〇〇〇万円分に限られることになる。したがって、後継者のAが自らの経営努力により株価を四倍の二億円に上昇させた場合、上昇分の一億五〇〇〇万円はすべて自分の財産になるということになるのである（**図表11**参照）。

(2) 資金支援措置

前記において述べたとおり、後継者が経営を継ぐにあたっては、多額の資金が必要となることが多く、また、この資金を用意することができずに会社が廃業となる実例も少なくない。

そこで円滑化法は、資金不足により事業活動の継続に支障が生じている中小企業者について、経済産業大臣による認定を受けることで、一定の金融支援措置を受けることができるように定めた（円滑化法第十二条ないし十五条）。

① 中小企業信用保険法の特例

中小企業信用保険法とは、中小企業者の債務の保証につき保険を行う制度で、中小企業者に対する事業資金の融通を円滑にすることを目的とする法律である（同法第一条）。このたび円滑化法は、前記の経済産業大臣の認定を受けた中小企業に対する債務保証につき、かかる中小企業信用保険法により締結することができる保険契約の限度額を拡大

図表 11

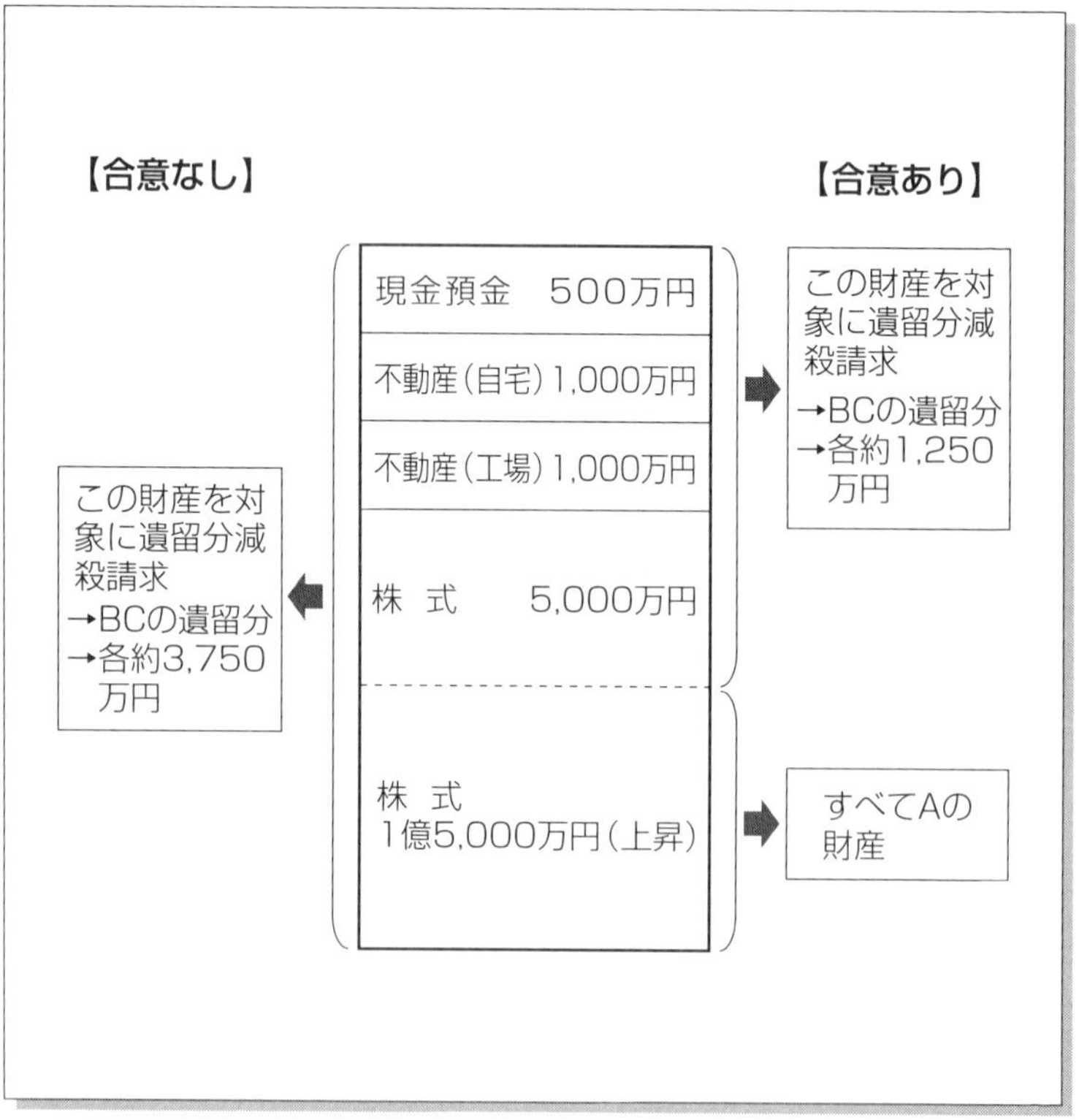
【合意なし】
【合意あり】
現金預金　500万円
不動産（自宅）1,000万円
不動産（工場）1,000万円
株　式　　5,000万円
株　式
1億5,000万円（上昇）
この財産を対象に遺留分減殺請求
→BCの遺留分
→各約1,250万円
すべてAの財産
この財産を対象に遺留分減殺請求
→BCの遺留分
→各約3,750万円

するものである（円滑化法第十三条）。

② 株式会社日本政策金融公庫法及び沖縄振興開発金融公庫法の特例

株式会社日本政策金融公庫法及び沖縄振興開発金融公庫法とは、いずれも資金調達支援を目的とする法律であるが、会社の代表者個人に対して融資する規定はなかった。そこで円滑化法は、株式会社日本政策金融公庫法及び沖縄振興開発金融公庫法の特例として、前記経済産業大臣の認定を受けた中小企業者（会社）の代表者個人に対して融資をすることができるよう定めたのである（円滑化法第十四条）。

すなわち、前記法第十三条の定めが会社の資金需要に対応するものであるのに対し、同法第十四条は、後継者たる代表者個人の資金需要に対応するものであるといえる。

③ 相続税の課税についての措置について

平成二〇年一月十一日に閣議決定された「平成二〇年度税制改正の要綱」を受けて、円滑化法の附則第二条において、政府は平成二〇年度中に相続税の課税について必要な措置を講ずると定めている。具体的には、政府は平成二一年の通常国会において、「取引相場のない株式等に係る相続税の納税猶予措置」を盛り込んだ税法の一部改正案を提出し、法の施行日（平成二〇年一〇月一日）以降に開始した相続に遡及して適用することを予定している。

本書では「平成二〇年度税制改正の要綱」について詳細に述べることはしないが、概要としては、一定の要件の下に、非上場自社株式の課税価格の八〇％に対応する相続税の納税を猶予する制度を創設すること、対象となる企業を中小企業全般に拡大すること等が挙げられる。

5 施行期日（附則第一条、第三条）

附則第一条（施行期日）　この法律は、平成二十年十月一日から施行する。ただし、第二章の規定は、公布の日から起算して一年を超えない範囲内において政令で定める日から施行する。

附則第三条（検討）　政府は、この法律の施行後五年を経過した場合において、この法律の施行の状況について検討を加え、必要があると認めるときは、その結果に基づいて所要の措置を講ずるものとする。

円滑化法は、平成二〇年一〇月一日より施行される（附則第一条）。ただし、同法第二章の遺留分に関する民法の特例（円滑化法第三条から十一条）の措置については、政令で別途施行日が指定されることになる。民法特例措置は、制度の実施に準備等が必要と考えられることを踏まえての定めである。

なお、平成二一年度税制改正については、法施行日から遡及適用されることが予定されている点については、すでに述べたとおりである。

また、円滑化法の施行から五年経過したときは、政府は施行状況について検討し、必要な場合には一定の措置を行うこととなっている（附則第三条）。法の施行により、経済産業大臣の確認や家庭裁判所の許可につき、諸般の事案が積み重なっていくことになる。このような手続の積み重ねにより、税制や雇用、司法への影響が生じると考えられるため、政府としては、関係各方面との連携により、法の目的を達成するためのより良い施策を講じることが求められるのである。

6 権限の委任（第十六条）

第十六条（権限の委任）　この法律に規定する経済産業大臣の権限は、経済産業省令で定めるところにより、経済産業局長に委任することができる。

円滑化法においては、経済産業大臣が、遺留分に関する民法の特例に係る確認（円滑化法第七条）及び金融支援措置に係る認定を行うこととしている。これらの確認及び認定について、円滑化法第十六条によれば、経済産業大臣は、経済産業局長に委任することができるということになる。したがって、同法第七条及び十六条の手続については、各地の経済産業局において行うことになると考えられる。

第2部 遺留分に関する民法の特例

第1章

特例中小企業者、旧代表者、後継者

――第二条、第三条

本章では、遺留分に関する民法の特例の人的適用要件である中小企業者、特例中小企業者、旧代表者、後継者等の概念について述べる。

これらの要件は、円滑化法第二条、三条に規定されている。そこで以下に、第二条、三条のそれぞれにつき順を追って解説しよう。

1 中小企業者（第二条）

第二条（定義）　この法律において「中小企業者」とは、次の各号のいずれかに該当する者をいう。

一　資本金の額又は出資の総額が三億円以下の会社並びに常時使用する従業員の数が三百人以下の会社及び個人であって、製造業、建設業、運輸業その他の業種（次号から第四号までに掲げる業種及び第五号の政令で定める業種を除く。）に属する事業を主たる事業として営むもの

二　資本金の額又は出資の総額が一億円以下の会社並びに常時使用する従業員の数が百人以下の会社及び個人であって、卸売業（第五号の政令で定める業種を除く。）に属する事業を主たる事業として営むもの

三　資本金の額又は出資の総額が五千万円以下の会社並びに常時使用する従業員の数が百人以下の会社及び個人であって、サービス業（第五号の政令で定める業種を除く。）に属する事業を主たる事業として営むもの

四　資本金の額又は出資の総額が五千万円以下の会社並びに常時使用する従業員の数が五十人以下の会社及び個人であって、小売業（次号の政令で定める業種を除く。）に

属する事業を主たる事業として営むもの
五　資本金の額又は出資の総額がその業種ごとに政令で定める金額以下の会社並びに常時使用する従業員の数がその業種ごとに政令で定める数以下の会社及び個人であって、その政令で定める業種に属する事業を主たる事業として営むもの

(1) 総　説

円滑化法第二条は、本法における「中小企業者」の定義をしている規定である。

本法における「中小企業者」とは、中小企業基本法（昭和三八年法律第一五四号）で定めるもの（円滑化法第二条第一号～四号）のほかに、他の中小企業関連法律と同様に、政令で規定された個別の業種等にかかる会社及び個人をいう（円滑化法第二条第五号）。

以上を図で示すと**図表12**のようになる。

(2) 各号の規定

① 第一号

「中小企業者」に該当するものとして、円滑化法第二条第一号は、資本金の額または出資の総額が三億円以下の会社ならびに常時使用する従業員の数が三〇〇人以下の会社

図表12　中小企業基本法の定義

業　種	従業員規模・資本金規模
製造業・その他の業種	300人以下または3億円以下
卸売業	100人以下または1億円以下
サービス業	100人以下または5,000万円以下
小売業	50人以下または5,000万円以下

及び個人であって、製造業、建設業、運輸業その他の業種（次号から第四号までに掲げる業種及び第五号の政令で定める業種を除く）に属する事業を主たる事業として営むものを挙げている（**図表13**参照）。

② **第二号**

「中小企業者」に該当するものとして、円滑化法第二条第二号は、資本金の額または出資の総額が一億円以下の会社ならびに常時使用する従業員の数が一〇〇人以下の会社及び個人であって、卸売業（第五号の政令で定める業種を除く）に属する事業を主たる事業として営むものを挙げている（**図表14**参照）。

③ **第三号**

「中小企業者」に該当するものとして、円滑化法第二条第三号は、資本金の額または出資の総額が五〇〇〇万円以下の会社ならびに常時使用する従業員の数が一〇〇人以下の会社及び個人であって、サービス業（第五号の政令で定める業種を除く）に属する事業を主たる事業として営むものを挙げている（**図表15**

図表 13

資本金の額
または　　　が 3 億円以下の会社
出資の総額

ならびに

常時使用する従業員の数が 300 人以下の **会社** 及び **個人**

であって、

製造業、建設業、運輸業等に属する事業を主たる事業として営むもの

図表 14

資本金の額
または　　　が 1 億円以下の会社
出資の総額

ならびに

常時使用する従業員の数が 100 人以下の **会社** 及び **個人**

であって、

卸売業に属する事業を主たる事業として営むもの

図表 15

資本金の額
または　　　　が 5,000 万円以下の会社
出資の総額

ならびに

常時使用する従業員の数が 100 人以下の **会社** 及び **個人**

であって、

サービス業に属する事業を主たる事業として営むもの

参照）。

④　第四号

「中小企業者」に該当するものとして、円滑化法第二条第四号は、資本金の額または出資の総額が五〇〇〇万円以下の会社ならびに常時使用する従業員の数が五〇人以下の会社及び個人であって、小売業（次号の政令で定める業種を除く）に属する事業を主たる事業として営むものを挙げている（**図表16**参照）。

⑤　第五号

「中小企業者」に該当するものとして、円滑化法第二条第五号は、資本金の額または出資の総額がその業種ごとに政令で定める金額以下の会社ならびに常時使用する従業員の数がその業種ごとに政令で定める数

図表 16

資本金の額
または　　　　が 5,000 万円以下の会社
出資の総額

ならびに

　　　　　　　　　　　　　　　　会社
常時使用する従業員の数が 50 人以下の　及び
　　　　　　　　　　　　　　　　個人

であって、

小売業に属する事業を主たる事業として営むもの

図表 17

資本金の額
または　　　　がその業種ごとに政令で定める**出資の**
総額　　　　金額以下の会社

ならびに

常時使用する従業員の数がその業種ごと　**会社**
に政令で定める数以下の　　　　　　　及び
　　　　　　　　　　　　　　　　　　個人

であって、

その政令で定める業種に属する事業を主たる事業として営むもの

以下の会社及び個人であって、その政令で定める業種に属する事業を主たる事業として営むものを挙げている（**図表17**参照）。

2 特例中小企業者、旧代表者、後継者（第三条）

第三条（定義）　この章において「特例中小企業者」とは、中小企業者のうち、一定期間以上継続して事業を行っているものとして経済産業省令で定める要件に該当する会社（金融商品取引法（昭和二十三年法律第二十五号）第二条第十六項に規定する金融商品取引所に上場されている株式又は同法第六十七条の十一第一項の店頭売買有価証券登録原簿に登録されている株式を発行している株式会社を除く。）をいう。

2　この章において「旧代表者」とは、特例中小企業者の代表者であった者（代表者である者を含む。）であって、その推定相続人（相続が開始した場合に相続人となるべき者のうち被相続人の兄弟姉妹及びこれらの者の子以外のものに限る。以下同じ。）のうち少なくとも一人に対して当該特例中小企業者の株式等（株式（株主総会において決議をすることができる事項の全部につき議決権を行使することができない株式を除く。）又は持分をいう。以下同じ。）の贈与をしたものをいう。

3　この章において「後継者」とは、旧代表者の推定相続人のうち、当該旧代表者から当該特例中小企業者の株式等の贈与を受けた者又は当該贈与を受けた者から当該株式等を相続、遺贈若しくは贈与により取得した者であって、当該特例中小企業者の総株主（株主総会において決議をすることができる事項の全部につき議決権を行使することができない株主を除く。以下同じ。）又は総社員の議決権の過半数を有し、かつ、当該特例中小企業者の代表者であるものをいう。

(1)　総　説

円滑化法第三条は、「特例中小企業者」（第一項）、「旧代表者」（第二項）及び、「後継者」（第三項）について、それぞれ定義をしている規定である。

(2)　特例中小企業者（第一項）

①　**特例中小企業者**

民法の特例の対象となる「特例中小企業者」とは、円滑化法第二条の「中小企業者」

のうち、一定期間以上継続して事業を行っているものとして経済産業省令で定める要件に該当する会社である（円滑化法第三条第一項）。ただし、金融商品取引法（昭和二三年法律第二五号）第二条第十六項に規定する金融商品取引所に上場されている株式または同法第六七条の十一第一項の店頭売買有価証券登録原簿に登録されている株式を発行している株式会社は除外されるため（同項（　）書き）、中小企業の中でも株式を公開している会社は除かれ、非上場株式発行会社と持分会社（合名会社、合資会社及び合同会社）が対象となる。

②　経済産業省令で定める要件

「一定期間以上継続して事業を行っているものとして経済産業省令で定める要件に該当する」ことが必要なのは、何ら事業を営んでいない者が、急遽、会社を設立して遺留分に関する民法の特例を利用するといった潜脱的な事態を防止するためである。こうした趣旨に鑑みて、「経済産業省令で定める要件」が定められるものと考えられる。

③　非上場株式発行会社

金融商品取引法上の「金融商品取引所」に上場されている株式、または同法の「店頭売買有価証券登録原簿」に登録されている株式を発行している株式会社は、「特例中小企業者」から除外される。

料金受取人払郵便

神田支店承認

4390

差出有効期間
平成21年11月
30日まで

（切手不要）

郵便はがき

101-8791

521

東京都千代田区神田司町2－8－4
（吹田屋ビル５Ｆ）

株式会社 清文社 行

ご住所　〒（　　　　　　　　）

ビル名　（　　階　　　号室）

貴社名

部　　　課

お名前《ふりがな》

電話番号　ご職業

E－mail

※本カードにご記入の個人情報は小社の商品情報のご案内、またはアンケート等を送付する目的にのみ使用いたします。

愛読者カード

ご購読ありがとうございます。今後の出版企画の参考にさせていただきますので、ぜひ皆様のご意見をお聞かせください。

■本書のタイトル（書名をお書きください）

1. 本書をお求めの動機

1.書店でみて（　　　　　　　　　　　）　2.案内書をみて
3.新聞広告（　　　　　　　　　　　）　4.雑誌広告（　　　　　　　）
5.書籍・新刊紹介（　　　　　　　　　）　6.人にすすめられて
7.その他（　　　　　　　　　　　）

2. 本書に対するご感想（内容、装幀など）

3. どんな出版をご希望ですか（著者・企画・テーマなど）

■小社新刊案内（無料）を希望する　1. 郵送希望　2. メール希望

ここに金融商品取引法とは、平成十七年、投資家保護のための横断的法制を整備するため、証券取引法の改正によって題名が改められたものである。その際、従来の「証券取引所」が「金融商品取引所」に改められた。

金融商品取引所の具体例としては、現在、東京証券取引所などがある。

これに対し、「店頭売買有価証券」は、旧ジャスダック市場で売買されていたが、ジャスダック証券取引所が創設されたため、現在は該当する銘柄は存在しない。

(3) 旧代表者（第二項）

① 旧代表者

「旧代表者」とは、本条第一項の「特例中小企業者」の代表者であった者（代表者である者を含む）であって、その推定相続人（相続が開始した場合に相続人となるべき者のうち被相続人の兄弟姉妹及びこれらの者の子以外の者に限る。以下同じ）のうち少なくとも一人に対して当該特例中小企業者の株式等（株式（株主総会において決議をすることができる事項の全部につき議決権を行使することができない株式を除く）または持分をいう。以下同じ）の贈与をしたものをいう（**図表18**参照）。

すなわち、先代経営者の生前に、その推定相続人である後継者に対して、当該特例中

図表18

【旧代表者の要件】
①　特例中小企業者の元代表者または現代表者
②　推定相続人に株式等を贈与したこと

小企業者の株式等の贈与が行われていることが必要である。

②　推定相続人（遺留分権利者）

民法における遺留分権利者の範囲は、被相続人の①配偶者、②子供とその代襲者、③直系尊属であり、被相続人の兄弟姉妹は遺留分権利者から除かれている（民法第一〇二八条、八八七条、八八九条、八九〇条）。

円滑化法は、先代経営者の生前に、後継者に対する自社株式等の贈与を促すことにより経営の円滑な承継を図るため、民法の遺留分の特例措置を設けたものである。

このため、遺留分の特例の対象となる推定相続人の範囲は、民法上の遺留分権利者に限定されている。

③　株式等の贈与

遺留分の特例を受ける承継財産には、「株式又は持分」が含まれていることが必要である。ただし、事業の安定的な継続に直接関係しない、いわゆる完全無議決権株式については、本条項における「株式」から除かれている。

図表 19

【後継者の要件】

① 特例中小企業者の現代表者
② 議決権の過半数を保有
③ 旧代表者の推定相続人
④ 株式等を旧代表者からの贈与等により取得

(4) 後継者（第三項）

「後継者」とは、本条第二項の「旧代表者」の推定相続人のうち、当該旧代表者から当該特例中小企業者の株式等の贈与を受けた者、または当該贈与を受けた者から当該株式等を相続、遺贈もしくは贈与により取得した者であって、当該特例中小企業者の総株主（株主総会において決議をすることができる事項の全部につき議決権を行使することができない株主を除く。以下同じ）、または総社員の議決権の過半数を有し、かつ、当該特例中小企業者の代表者であるものをいう（**図表19**参照）。

先代経営者から後継者に対する円滑な経営の承継を図り、かつ、その経営を安定して継続するために、「後継者」は自社の株式等を、旧代表者から贈与の方法により取得し、または旧代表者から贈与を受けた他の推定相続人（配偶者、兄弟等）などから贈与等の方法で取得した者であって、その割合が過半数を超えていること、加えて、中小企業者の代表者となっていることが必要である。

このような「後継者」の要件が規定された趣旨は、民法の例外規定である円滑化法の適用を受けるためには、会社経営において後継者がすでに中心的な役割を果たしており、当該後継者が安定的に株式を所有することが、真に事業承継の円滑化のために資する場合に限るべきである、というものである。

第2章

遺留分権利者全員の合意

――第四条第一項・第三項、第五条、第六条

本章では、民法特例の適用要件の中核である、遺留分権利者の合意について述べる。当該合意内容に係る規定は、円滑化法第四条第一項、同三項、第五条及び六条である。

第四条（後継者が取得した株式等に関する遺留分の算定に係る合意等）　旧代表者の推定相続人は、そのうちの一人が後継者である場合には、その全員の合意をもって、書面により、次に掲げる内容の定めをすることができる。ただし、当該後継者が所有する当該特例中小企業者の株式等のうち当該定めに係るものを除いたものに係る議決権の数が総株主又は総社員の議決権の百分の五十を超える数となる場合は、この限りでない。

一　当該後継者が当該旧代表者からの贈与又は当該贈与を受けた旧代表者の推定相続人

からの相続、遺贈若しくは贈与により取得した当該特例中小企業者の株式等の全部又は一部について、その価額を遺留分を算定するための財産の価額に算入しないこと。
二　前号に規定する株式等の全部又は一部について、遺留分を算定するための財産の価額に算入すべき価額を当該合意の時における価額（弁護士、弁護士法人、公認会計士（公認会計士法（昭和二十三年法律第百三号）第十六条の二第五項に規定する外国公認会計士を含む。）、監査法人、税理士又は税理士法人がその時における相当な価額として証明をしたものに限る。）とすること。
2　（略）
3　旧代表者の推定相続人は、第一項の規定による合意をする際に、併せて、その全員の合意をもって、書面により、次に掲げる場合に後継者以外の推定相続人がとることができる措置に関する定めをしなければならない。
一　当該後継者が第一項の規定による合意の対象とした株式等を処分する行為をした場合
二　旧代表者の生存中に当該後継者が当該特例中小企業者の代表者として経営に従事しなくなった場合
第五条（後継者が取得した株式等以外の財産に関する遺留分の算定に係る合意等）　旧代表者の推定相続人は、前条第一項の規定による合意をする際に、併せて、その全員の合意をもって、書面により、後継者が当該旧代表者からの贈与又は当該贈与を受けた旧代表者の推定相続人からの相続、遺贈若しくは贈与により取得した財産（当該特例中小企業者の株式等を除く。）の全部又は一部について、その価額を遺留分を算定するための財産の価額に算入しない旨の定めをすることができる。

第六条　旧代表者の推定相続人が、第四条第一項の規定による合意をする際に、併せて、その全員の合意をもって、当該推定相続人間の衡平を図るための措置に関する定めをする場合においては、当該定めは、書面によってしなければならない。

2　旧代表者の推定相続人は、前項の規定による合意として、後継者以外の推定相続人が当該旧代表者からの贈与又は当該贈与を受けた旧代表者の推定相続人からの相続、遺贈若しくは贈与により取得した財産の全部又は一部について、その価額を遺留分を算定するための財産の価額に算入しない旨の定めをすることができる。

1 総説

円滑化法第四条から六条は旧代表者の推定相続人が、その全員の合意により、①後継者が旧代表者から贈与を受けた株式等を遺留分を算定する際の基礎となる財産から除外することや、②後継者が旧代表者から贈与を受けた株式等の評価額を合意時で固定できること、及び、③その際に併せて定めることができる事項等について規定している。

その概要は次のとおりである。

(1) 後継者が生前贈与により取得した財産に関する合意

① 株式等（法第四条第一項第一号・二号）

a 株式等の価額を遺留分を算定する財産の価額から除外

b 株式等の評価額を合意時の価額に固定

② 株式等以外の財産の価額を遺留分を算定する財産の価額から除外（法第五条）

(2) 後継者以外の推定相続人に関する合意

① 後継者が一定の行為をした場合にとることができる措置（法第四条第三項）

② 推定相続人間の衡平を図るための措置（法第六条第一項）

③ 後継者以外の推定相続人が生前贈与により取得した財産の価額を遺留分を算定する財産の価額から除外（法第六条第二項）

2 円滑化法第四条第一項本文（後継者が取得した株式等に関する遺留分の算定に係る合意等）の規定

(1) 規定の趣旨

① 概　要

円滑化法第四条第一項は、旧代表者の推定相続人のうちの一人が後継者である場合に、その全員の合意をもって、民法の遺留分に関する特例を認めるものである。

② 趣　旨

(ⅰ) 生前贈与株式等の遺留分の算定対象からの除外（第四条第一項第一号）

旧代表者が、後継者に事業を承継させるために自社株式等を生前贈与した場合、後継者以外の相続人の遺留分を侵害する結果となることがある。その場合、生前贈与された自社株式等は、後継者以外の相続人による遺留分減殺請求の対象となる。

その結果、後継者以外の相続人が自社株式等を取得することになり、後継者が円滑に事業を承継することが困難となってしまう。

このような不都合は、自社株式等の価額を遺留分を算定する財産の価額から除外することによって回避できる。円滑化法第四条第一項第一号は、このような不都合を回避するための規定である。

(ii) 生前贈与株式等の評価額の固定（第四条第一項第二号）

また、後継者が自社株式等の生前贈与を受けた後、後継者の貢献により自社株式等の価値が上昇する場合がある。

しかしそのような場合でも、遺留分の算定に際しては、自社株式等についても相続開始時点の評価で計算される。つまり、後継者が自社の発展に貢献すればするほど、遺留分の額が増大してしまい、相続にあたって、後継者が自らを苦しめる結果となる。

このような結果となるのでは、真摯に経営に取り組み、自社の発展に貢献しようという意欲を後継者にもたせることは難しい。

このような不都合を回避するためには、自社株式等の評価額を予め合意した価額に固定することが有効である。合意後、後継者の貢献により自社株式の評価額が上昇した場合、その株式の価値上昇分はすべて後継者が取得できるからである。円滑化法第四条第一項第二号は、このような不都合を回避するための規定である。

(2) 推定相続人全員の合意

円滑化法第四条第一項に基づき、民法の遺留分に関する特例が認められるためには、推定相続人全員の合意が必要である。

第四条第一項にいう「推定相続人」は、法定相続人から被相続人の兄弟姉妹及びこれらの者の子供を除いたものである。

同条同項は民法の遺留分に関する特例であり、遺留分を持たない被相続人の兄弟姉妹及びこれらの者の子供を対象とする必要がないからである。つまり、遺留分権利者全員の合意があれば、民法の遺留分の規定の対象外とする内容を取り決めることができる。

(3) 合意の内容

① 生前贈与株式等の遺留分の算定対象からの除外（第四条第一項第一号）

(i) 概 要

推定相続人は、後継者が旧代表者からの贈与または当該贈与を受けた旧代表者の推定相続人からの相続、遺贈もしくは贈与により取得した当該特例中小企業者の株式等の全部または一部について、その価額を遺留分を算定するための財産の価額に算入しないことを合意することができる。

この合意ができた場合、合意の対象とした株式等が遺留分を算定するための財産の価額に算入されず、遺留分減殺請求の対象外となる。そのため、相続開始に伴う株式等の分散により、会社の意思決定に支障が生じるリスクを未然に防止することが可能となる。

なお、ここにいう「当該贈与を受けた旧代表者の推定相続人からの相続、遺贈若しくは贈与により取得した」とは、旧代表者の孫が代襲相続などによって株式等を取得した場合を意味する。

(ii) 具体例

例えば、旧代表者Xの推定相続人が子供三名（A、B、C）だとする。Xが後継者Aに自社株式のすべてを生前贈与した。その後、XがAに対してすべての財産を相続させる旨の遺言を残して死去した。Xの相続開始時点の評価額が、①自社株式＝九〇〇〇万円、②不動産＝二〇〇〇万円、③現預金＝一〇〇〇万円、合計一億二〇〇〇万円であったとする。

この場合、民法の原則に従えば、相続財産のすべてが遺留分の対象となる。そのため、それぞれ六分の一の遺留分を有するB及びCからAに対して遺留分減殺請求がなされると、Aは、B及びCに対し、それぞれ二〇〇〇万円ずつの遺産を渡すか、あるいは二〇〇〇万円ずつの代償金を支払わなければならない。

図表20

【民法の原則】

自社株式	不動産	現預金
9,000万円	2,000万円	1,000万円

➡すべてが遺留分減殺請求の対象
➡Aは、B、Cに対して各2,000万円ずつ譲渡

つまり、Aに代償金を支払うだけの余裕がなければ、自社株式の一部を手放さざるを得ないことになる（図表20参照）。

これに対し、A、B、C三名全員で、Xが後継者Aに生前贈与した自社株式については、その価額を遺留分を算定するための財産の価額に算入しないことを合意し、民法の特例の適用を受けることができれば、自社株式は、遺留分算定の基礎財産に算入されず、遺留分減殺請求の対象にもならない。

この場合、遺留分減殺請求の対象となるのは、②不動産＝二〇〇〇万円と③現預金＝一〇〇〇万円のみである。そのため、B及びCからAに対して遺留分減殺請求がなされても、Aは、B及びCに対し、それぞれ五〇〇万円ずつの遺産を渡すか、あるいは五〇〇万円ずつの代償金を支払えば足りる（図表21参照）。

② 生前贈与株式等の評価額の固定（第四条第一項第二号）

(i) 概要

推定相続人は、第四条第一項第一号に規定する株式等の全

図表 21

【民法の特例の適用】

自社株式 9,000 万円	➡遺留分算定の基礎から除外

不動産 2,000 万円	現預金 1,000 万円

➡不動産と現預金のみが遺留分減殺請求の対象
➡B、C に対して各 500 万円ずつ譲渡すれば足りる

部または一部について、遺留分を算定するための財産の価額に算入すべき価額を、当該合意の時における価額とすることを合意することができる。

この合意ができた場合、遺留分を算定するための財産の価額に算入すべき株式等の価額を、当該合意の時における価額に固定することができる。そのため、後継者が将来の株式等の価値上昇に伴う遺留分額の増大を心配することなく、経営に専念することが可能となる。

なお、この合意の時における価額は、弁護士、弁護士法人、公認会計士、監査法人、税理士または税理士法人がその時における相当な価額として証明をしたものに限られている。詳細については、項を改めて述べる（第4章参照）。

(ii) 具体例

例えば、前記の例で、Xが後継者Aに自社株式の

図表 22

【民法の原則】

自社株式	不動産	現預金
9,000 万円	2,000 万円	1,000 万円

➡相続開始時点の評価額で遺留分減殺請求の対象額を計算

➡A は、B、C に対して各 2,000 万円ずつ譲渡

すべてを生前贈与した際の自社株式の評価額が三〇〇〇万円であったとする。その後、XがAに対してすべての財産を相続させる旨の遺言を残して死去した。Xの相続開始時点の評価額が、①自社株式＝九〇〇〇万円、②不動産＝二〇〇〇万円、③現預金＝一〇〇〇万円、合計一億二〇〇〇万円であったとする。

この場合、民法の原則に従えば、Xの相続開始時点の評価額によって遺留分の対象額が計算される。そのため、それぞれ六分の一の遺留分を有するB及びCからAに対して遺留分減殺請求がなされると、Aは、B及びCに対し、それぞれ二〇〇〇万円ずつの遺産を渡すか、あるいは二〇〇〇万円ずつの代償金を支払わなければならない（**図表22**参照）。

これに対し、A、B、C三名全員で、Xが後継者Aに生前贈与した自社株式の評価額については、その時点の評価額三〇〇〇万円で固定することを合意し、民法の特例の適

図表23

【民法の特例の適用】

自社株式
3,000万円　➡合意時の評価額で固定

不動産
2,000万円

現預金
1,000万円

➡遺留分減殺請求の対象となるのは合計6,000万円
➡B、Cに対して各1,000万円ずつ譲渡すれば足りる

用を受けることができれば、自社株式は三〇〇〇万円で評価すれば足りる。

したがって、遺留分減殺請求の対象となるのは、①自社株式＝三〇〇〇万円、②不動産＝二〇〇〇万円、③現預金＝一〇〇〇万円、合計六〇〇〇万円となる。そのため、B及びCからAに対して遺留分減殺請求がなされても、Aは、B及びCに対し、それぞれ一〇〇〇万円ずつの遺産を渡すか、あるいは一〇〇〇万円ずつの代償金を支払えば足りる（**図表23**参照）。

なお、相続開始時の自社株式の評価額が合意時の評価額を下回る場合であっても、遺留分の基礎は合意時の評価額で計算される。自社株式の価値が上昇したときは合意時の評価額とするのに、下落したときは相続開始時の評価額とするのでは、後継者が一方的に有利になる。このような結果を認めるのは、

基本法である民法の根幹をなす遺留分制度の特例としては適当ではないからである。

(4) 推定相続人全員の合意の組み合わせ

(i) 概要

前記(2)の合意と(3)の合意については、二者択一の関係にあるわけではない。

例えば、後継者が旧代表者からの贈与等により取得した株式等の一部を遺留分の算定対象から除外し、残りの株式等については、評価額の固定の対象とするというように組み合わせて活用することも可能である。

(ii) 具体例

例えば、前記の例で、Xが後継者Aに自社株式のすべてを生前贈与した際の自社株式の評価額が三〇〇〇万円であったとする。

A、B、C三名全員で、Xが後継者Aに生前贈与した自社株式のうち三分の二については、遺留分の算定対象から除外し、残りの三分の一については、その時点の評価額一〇〇〇万円で固定することを合意することもできる。

このような合意をして、民法の特例の適用を受けることができれば、仮にXの相続開始時点の評価額が、①自社株式＝九〇〇〇万円、②不動産＝二〇〇〇万円、③現預金＝

図表24

【民法の特例の適用】

自社株式のうち３分の２ ➡遺留分算定の基礎から除外

自社株式のうち３分の１ ➡合意時の評価額 1,000 万円

不動産 2,000 万円　現預金 1,000 万円

➡遺留分減殺請求の対象となるのは合計 4,000 万円

一〇〇〇万円、合計一億二〇〇〇〇万円であったとしても、遺留分減殺請求の対象となるのは、①自社株式＝一〇〇〇万円、②不動産＝二〇〇〇万円、③現預金＝一〇〇〇万円、合計四〇〇〇万円となる（**図表24**参照）。

(5) 後継者の保有株式数の条件

(i) 概要

合意を行う際の要件として、後継者が保有する当該特例中小企業者の株式等のうち、合意の対象となる株式等を除いたものに係る議決権の数が半数以下であることが必要となる。

言い換えると、円滑化法第四条第一項の民法特例の合意は、旧代表者が後継者に株式を生前贈与した結果、後継者が保有する議決権数が五〇％超になる場合に、遺留分に係る一

定の合意を特例として認めるものである。

(ii)　具体例

例えば、後継者が旧代表者からすでに六〇%の株式を自らの資金で買い取っていて、後継者がさらに旧代表者から四〇%の株式の贈与を受け、当該株式を合意の対象とするような場合など、後継者が合意の対象となる株式等を除いても議決権の過半数を所有している場合については、円滑化法第四条第一項の民法特例は対象とならない。

後継者がすでに五〇%超の議決権を保有している場合は、当該合意の対象となる株式等が遺留分減殺請求により分散したとしても、後継者の議決権が過半数を下回るということはあり得ない。したがって、基本的に会社の意思決定に支障を来さないと考えられるからである。

また、この民法特例は、民法の根幹をなす遺留分制度の特例であるから、経営承継の円滑化のために、真に必要な範囲に対象を限定する必要があると考えられたからである（**図表25**参照）。

(6)　合意の書面化

円滑化法第四条第一項の合意は、書面で行わなければならない。

図表 25

【民法特例の適用の有無】

（例 1）

後継者		旧代表者➡後継者			
自社株式 60% 保有	＋	自社株式 40% 贈与	＝	民法特例の適用	×

➡贈与された 40% の自社株式が遺留分減殺請求の対象とされても、後継者が保有する 60% の自社株式には影響がないから。

（例 2）

後継者		旧代表者➡後継者			
自社株式 40% 保有	＋	自社株式 60% 贈与	＝	民法特例の適用	○

➡贈与された 60% の自社株式が遺留分減殺請求の対象とされると、後継者が自社の支配権を失う可能性があるから。

合意書面の記載方法については、法律上は特に制限はない。

しかし、推定相続人全員の合意は、経済産業大臣の確認（円滑化法第七条）及び家庭裁判所の許可（同第八条）の大前提となるものである。せっかく推定相続人全員が合意したのに、合意書面の記載が不明確であるために、経済産業大臣の確認及び家庭裁判所の許可が得られないようなことがあってはならない。

弁護士等の法律専門家に

合意書面の作成を依頼するなどして、合意書面に不備がないようにしなければならない。

3 円滑化法第四条第三項（後継者以外の推定相続人がとることができる措置に関する定め）の規定

(1) 規定の内容

推定相続人は、円滑化法第四条第一項に規定する合意をする際には、全員の合意をもって、書面により、以下の場合に後継者以外の推定相続人がとることができる措置に関する定めをしなければならない。

① 後継者が円滑化法第四条第一項の規定による合意の対象とした株式等を処分する行為をした場合
② 旧代表者の生存中に後継者が当該特例中小企業者の代表者として経営に従事しなくなった場合

(2) 規定の趣旨

後継者が取得した株式等に関する遺留分の算定に係る合意をした後、後継者が合意の対象となった株式を処分したり、代表者として経営に従事しなくなることも想定される。この場合、経営の承継の円滑化を図るという推定相続人全員の合意の本来の目的は達成されない。このような事態が生ずることは、他の推定相続人にとって納得できるものではない。

そのため、後継者が合意の対象となった株式を処分した場合や、代表者として経営に従事しなくなった場合には、推定相続人全員の合意の効力は当然に消滅することにすることも考えられる。

しかし、これらの事由は後継者が意図的に生じさせることも可能である。すなわち、これらの事由が発生した場合に、推定相続人全員の合意の効力が「当然に消滅する」こととすると、例えば、株式の価値が合意の時よりも下がった場合等、後継者が合意の効力を維持することが不利であると判断した場合には、後継者が自由に合意の効力を消滅させることができることになってしまう。

そこで、推定相続人全員の合意の効力が「当然に消滅する」こととするのではなく、前記の場合において、後継者以外の推定相続人がとることができる措置について、事前に定めをすることを求めたのである。

(3) 後継者以外の推定相続人がとり得る措置の具体例

後継者以外の推定相続人がとることができる措置としては、具体的には、次のような定めをすることが考えられる。

> ① 後継者が合意の対象とした株式等を処分して対価を得た場合に、後継者が後継者以外の推定相続人に対して、当該対価の一定割合に相当する額を支払わなければならないものとすること
> ② 対価の多寡にかかわらず、一定の金額を支払わなければならないものとすること
> ③ 後継者以外の推定相続人が、当該合意を解除することができるものとすること

(4) 推定相続人全員の合意と書面化

後継者が取得した株式等に関する遺留分の算定に係る合意と同様に、後継者以外の推定相続人がとることができる措置についても、推定相続人全員の合意が必要であり、かつ、書面化しなければならない。

4 円滑化法第五条（後継者が取得した株式等以外の財産の全部または一部を遺留分算定の基礎財産から除外する合意）の規定

(1) 規定の内容

旧代表者の推定相続人は、円滑化法第四条第一項の規定による合意をする際に、併せて、その全員の合意をもって、書面により、後継者が旧代表者からの贈与または当該贈与を受けた旧代表者の推定相続人からの相続、遺贈もしくは贈与により取得した財産（当該特例中小企業者の株式等を除く）の全部または一部について、その価額を遺留分を算定するための財産の価額に算入しない旨の定めをすることができる。

(2) 規定の趣旨

法第四条は、後継者が取得した「株式等」について、遺留分を算定するための財産の価額に算入しないこと等の合意に関する規定であった。

図表 26

【法第 5 条の適用】

自社株式 ➡遺留分算定の基礎から除外

不動産（工場） ➡遺留分算定の基礎から除外

不動産（自宅）
2,000 万円

現預金
1,000 万円

➡遺留分減殺請求の対象となるのは合計 3,000 万円

しかし、後継者が当該特例中小企業の株式さえ確保していれば、事業を継続していけるというものでもない。

例えば、事業の中心である工場が旧代表者の所有であり、後継者が旧代表者から生前贈与を受けたとすると、場合によっては、工場が遺留分減殺請求の対象となることもある。その場合、後継者としては、工場を手放すか、あるいは他の相続人に対し代償金を支払わなければならないことになる。

また、事業活動には資金が必要である。中小企業者の経営の承継の円滑化を図るためには、事業用不動産や現預金等、後継者が保有する株式等以外の財産で、事業活動を継続していくために必要なものについても、後継者が確保できるようにすることも必要である。

このため、法第五条は、後継者が贈与等で取得し

た株式等以外の財産についても、遺留分を算定するための財産から除外することを可能にしたものである（**図表26**参照）。

(3) 推定相続人全員の合意と書面化

法第四条に規定する後継者が取得した株式等に関する遺留分の算定に係る合意と同様に、後継者が取得した株式等以外の財産の全部または一部を、遺留分算定の基礎財産から除外する合意についても、推定相続人全員の合意が必要であり、かつ、書面化しなければならない。

5 円滑化法第六条（推定相続人間の衡平を図るための措置に関する定め）の規定

(1) 第六条第一項（推定相続人間の衡平を図るための措置に関する定めの書面化）の規定

① 規定の内容

円滑化法第六条第一項は、第四条の合意をする際に推定相続人間の衡平を図るための措置に関する定めをする場合には、その定めは、書面によってしなければならないものと規定している。

② 規定の趣旨

法第四条の合意は、推定相続人全員によらなければならない。そこで、後継者以外の推定相続人から同意を得るために、推定相続人間の衡平を図るための措置をとることが考えられる。

推定相続人間の衡平を図るための措置としては、例えば、次のようなものが考えられる。

①　後継者から後継者以外の推定相続人へ一定額の金銭を贈与すること
②　後継者以外の推定相続人が生前贈与された財産の全部または一部について、その価額を遺留分を算定するための財産の価額に算入しないこと

これらの定めは、第四条の合意の際に必ず定めることを要するものではない。しかし、推定相続人間の衡平を図ることにより、推定相続人全員の合意の形成を容易にできると考えられる。

なお、法第六条第一項は、第四条第一項の合意をする際に、その全員の合意をもって推定相続人間の衡平を図るための措置に関する定めをする場合には、その定めは書面によってしなければならないものと規定している。これは、経済産業大臣の確認や家庭裁判所の許可手続における資料となるからである。

(2)　第六条第二項（後継者以外の推定相続人が生前贈与された財産の全部または一部について、その価額を遺留分を算定するための財産の価額に算入しない旨の定め）の規定

① **規定の内容**

旧代表者の推定相続人は、当該推定相続人間の衡平を図るための措置に関する合意と

して、後継者以外の推定相続人が当該旧代表者からの贈与または当該贈与を受けた旧代表者の推定相続人からの相続、遺贈もしくは贈与により取得した財産の全部または一部について、その価額を遺留分を算定するための財産の価額に算入しない旨の定めをすることができる。

② 規定の趣旨

法第四条及び五条では、後継者が旧代表者からの贈与等により取得した財産のみを遺留分を算定する財産から除外する対象としている。

しかし、後継者のみが、贈与等により取得した財産を遺留分を算定する財産から除外できることとすると、後継者が一方的に利益を得ることになる可能性が大きくなる。そうすると、後継者と後継者以外の推定相続人との間の衡平を害し、これらの合意について後継者以外の推定相続人の同意を得ることが困難となる。

そのため、推定相続人間の衡平を図るための措置の定めの一つとして、後継者以外の推定相続人が贈与等により取得した財産についても、遺留分を算定するための財産から除外することを可能としている。

第3章

経済産業大臣の確認・家庭裁判所の許可

――第七条、第八条

本章では、民法特例法の手続的要件である経済産業大臣の確認及び家庭裁判所の許可について述べる。

第七条（経済産業大臣の確認）　第四条第一項の規定による合意（前二条の規定による合意をした場合にあっては、同項及び前二条の規定による合意。以下この条において同じ。）をした後継者は、次の各号のいずれにも該当することについて、経済産業大臣の確認を受けることができる。

一　当該合意が当該特例中小企業者の経営の承継の円滑化を図るためにされたものであること。

二　申請をした者が当該合意をした日において後継者であったこと。
三　当該合意をした日において、当該後継者が所有する当該特例中小企業者の株式等のうち当該合意の対象とした株式等を除いたものに係る議決権の数が総株主又は総社員の議決権の百分の五十以下の数であったこと。
四　第四条第三項の規定による合意をしていること。
2　前項の確認の申請は、経済産業省令で定めるところにより、第四条第一項の規定による合意をした日から一月以内に、次に掲げる書類を添付した申請書を経済産業大臣に提出してしなければならない。
一　当該合意の当事者の全員の署名又は記名押印のある次に掲げる書面
イ　当該合意に関する書面
ロ　当該合意の当事者の全員が当該特例中小企業者の経営の承継の円滑化を図るために当該合意をした旨の記載がある書面
二　第四条第一項第二号に掲げる内容の定めをした場合においては、同号に規定する証明を記載した書面
三　前二号に掲げるもののほか、経済産業省令で定める書類
3　第四条第一項の規定による合意をした後継者が死亡したときは、その相続人は、第一項の確認を受けることができない。
4　経済産業大臣は、第一項の確認を受けた者について、偽りその他不正の手段によりそ

の確認を受けたことが判明したときは、その確認を取り消すことができる。

第八条（家庭裁判所の許可）　第四条第一項の規定による合意（第五条又は第六条第二項の規定による合意をした場合にあっては、第四条第一項及び第五条又は第六条第二項の規定による合意）は、前条第一項の確認を受けた者が当該確認を受けた日から一月以内にした申立てにより、家庭裁判所の許可を受けたときに限り、その効力を生ずる。
2　家庭裁判所は、前項に規定する合意が当事者の全員の真意に出たものであるとの心証を得なければ、これを許可することができない。
3　前条第一項の確認を受けた者が死亡したときは、その相続人は、第一項の許可を受けることができない。
第十一条（家事審判法の適用）　第八条第一項の許可は、家事審判法（昭和二十二年法律第百五十二号）の適用については、同法第九条第一項甲類に掲げる事項とみなす。

1 民法特例の手続の趣旨と概要

円滑化法第七条、八条及び十一条は、民法特例の適用を受けるための手続的要件について規定している。

すなわち、すでに述べてきたように、民法特例の適用を受けるためには、「後継者」の要件や、推定相続人全員の合意等、さまざまの実体的要件を充足する必要がある。

そして、これらの要件を満たさない場合には、当該合意は効力を否定されることとなるが、事後的に当該合意の効力が否定されることは、合意後に形成されたさまざまの取引関係に甚大な影響を及ぼしかねない。

そこで円滑化法は、民法特例の実体要件が充足されていることを確認するための厳格な手続を規定した。これを充足した場合に初めて当該合意の効力が生じるものとして、前記のような弊害が生じることを可及的に制限する趣旨であると解される。

手続の概要は**図表27**のとおり、まず推定相続人による合意がなされてから一か月以内に経済産業大臣の確認を申請し、当該確認を受けた後一か月以内に家庭裁判所の許可を申し立てなければならない。

図表27

【民法特例の手続】

合 意 ➡ **経済産業大臣の確認※1** ➡ **家庭裁判所の許可※2**

1月以内に申請
後継者の単独申請！

1月以内に申立て
後継者の単独申立て！

※1　経済産業大臣の確認内容
①　当該合意が、経営の承継の円滑化を図るためにされたこと。
②　申請者が後継者の要件に該当すること。
③　合意対象の株式を除くと、後継者が議決権の過半数を確保することができないこと。
④　後継者が合意対象たる株式を処分した場合、及び先代経営者生存中に後継者が代表者として経営に従事しなくなった場合に、非後継者がとることのできる措置の定めがあること。

※2　家庭裁判所の許可要件
合意が当事者全員の真意によるものであること

経済産業大臣の確認手続が設けられているのが本手続の特色であるが、その趣旨は、複数ある実体要件のすべての審査を家庭裁判所が行うこととするのは適切でないことから、家庭裁判所の審査は最も重要な実体要件である合意の真実性に限定し、その余の審査を経済産業大臣の確認事項としたものである。

2 遺留分の事前放棄における手続的問題点と新法

遺留分制度による経営承継の阻害を排除する方法としては、現行民法上も遺留分の放棄制度がある。

しかし、遺留分の事前放棄は、遺留分を放棄する非後継者が各自個別に家庭裁判所に申立てを行い、許可審判を受ける必要があり、非後継者が複数いる場合には、非後継者ごとに拒否判断が異なる可能性があるという問題がある。

事業承継の円滑化という観点からは、一人でも遺留分を放棄しないものがいれば、当該者の遺留分減殺請求権の行使によって紛争が発生するおそれがあり、対策としては不十分である。

この問題を解決するために、円滑化法は、前述のとおり遺留分権利者（推定相続人）全員で合意を行い、経済産業大臣の確認、家庭裁判所の許可を経ることで、後継者が先代経営者からの贈与等により取得した株式または持分（以下「株式等」という）について、前述の「遺留分算定基礎財産からの除外」及び「遺留分算定基礎財産からの除外」

といった民法の特例の適用を受けられる制度を設けている。

これにより、先代経営者の遺留分権利者全員の間で統一的に法律関係を形成することができ、事業承継の円滑化に向けた事前の取り組みが容易になると考えられる。

3 経済産業大臣の確認手続

前記の民法の特例に係る合意は、次のとおり、経済産業大臣の確認及び家庭裁判所の許可審判を受けることで、その効力が発生する。

後継者が取得した財産に関する遺留分の算定に係る合意（第2章 2 ）が全体として、円滑化法が定める民法の特例の要件を満たしているか否かを確認するために、以下の項目について経済産業大臣が確認する。

当該確認の申請者は後継者であり、合意をした日から一か月以内に申請することとしている。

なお、円滑化法第七条第一項は「確認を受けることができる。」としており、経済産業大臣の確認を受けるか否かは任意であるかのような表現をとっているが、当該確認を

図表 28

【経済産業大臣の確認項目】

① 当該合意が、特例中小企業者の経営の承継の円滑化を図るためにされたこと。
② 申請をした者が、合意の日に後継者の要件に該当していたこと。
③ 合意の対象とした株式等を除くと、後継者の議決権が過半数とならないこと。
④ 後継者が合意の対象とした株式等を処分した場合や代表者として経営に従事しなくなった場合に、非後継者がとることができる措置に関する合意をしていること。

図表 29

【経済産業大臣への申請書類】

1 当該合意当事者全員の署名または記名押印のある次の書類
  ① 当該合意に関する書面
  ② 当該合意の当事者の全員が当該特例中小企業者の経営の承継の円滑化を図るために、当該合意をした旨の記載がある書面
2 第4条第1項第2号の合意（固定合意）をした場合、後継者が取得した株式等の価額の証明を記載した書面
3 その他経済産業省令で定める書類

経ずには家庭裁判所の許可を受けることはできない（円滑化法第八条第一項）。したがって、経済産業大臣の確認は民法特例の適用を受けるための必須要件である（**図表28**参照）。

そして、前記の確認申請は、経済産業省令の定めるところにより、合意をした日から一か月以内に、**図表29**の書類を添付した申請書を経済産業大臣に申請して行うことになる。経済産業省令の内容は未定であるが、より具体的な提出書類や手続事項が規定される予定である。

4 家庭裁判所の許可

(1) 家庭裁判所における心証形成の方法

経済産業大臣の確認を受けた後継者は、その確認を受けた日から一か月以内に家庭裁判所に許可申立てをする必要がある。

家庭裁判所は、当該合意が当事者の全員の真意に出たものであるとの心証を得なければ、許可することができない。

この推定相続人の真意の確認は、個々の事件に応じて各家庭裁判所の判断に従って行われることとなる。従来の他の家事審判事件においても、真意の確認の場面がさまざまに存在する。

その実務を見ると、裁判官が当事者等を審問し、あるいは書面で事情を照会する等して、当事者等の真意の確認をしている。円滑化法における合意の許可の事件においても他の家事審判事件と同様に、事案に応じて各家庭裁判所において適切な方法が選択されることとなると思われる（平成二〇年四月九日衆議院経済産業委員会速記録（議事速報）五頁・始関法務省大臣官房審議官発言参照）。

(2) 遺留分放棄制度との違い

なお、以上の経済産業大臣の確認申請及び家庭裁判所の許可申立ての手続は、いずれも後継者が単独で行うことができるため、非後継者が自ら個別に家庭裁判所に申立てをしなければならない現行の遺留分放棄制度と比較して、非後継者の手続負担が緩和されるという利点がある。

また、遺留分放棄制度においては、当事者間で遺留分を放棄する旨の約束をしていたとしても、事後的に翻意した場合には、当該放棄の効果は生じない。つまり、裁判官と申立人のやりとりの中で、「本当にこれだけの遺産の相続を放棄していいのか?」との裁判官の問いかけにより申立人が翻意した場合、家庭裁判所は遺留分放棄の許可をせず、当該放棄の効果は生じないこととなる。実際に、申立ての手続により翻意する例は少なくなかったといわれ、そのこともまた、遺留分放棄制度が活用されなかった原因の一つであった。

これに対して円滑化法の手続は、申立てを行うのは、合意により不利益を被る非後継者ではなく、後継者本人である。しかも、推定相続人の合意の真意性は、当該合意時点での真意性であるから、仮に申立ての時点で非後継者の気が変わってしまったとしても、理論上は合意の効力を左右しないものといえる。

したがって、遺留分放棄制度の場合と比較して、円滑化法による家庭裁判所の許可手続のハードルは、低くなることが期待される。

第4章

弁護士等による評価証明

――第四条第一項第二号、同第二項

本章では、民法特例のうち、特に生前贈与株式等の評価額の固定（円滑化法第四条第一項第二号）を行う場合に必要となる、弁護士等による評価の証明手続について述べる。当該手続については、円滑化法第四条第一項第二号、同二項が下記のように規定している。

> 第四条（後継者が取得した株式等に関する遺留分の算定に係る合意等）　旧代表者の推定相続人は、そのうちの一人が後継者である場合には、その全員の合意をもって、書面により、次に掲げる内容の定めをすることができる。ただし、当該後継者が所有する当該特例中小企業者の株式等のうち当該定めに係るものを除いたものに係る議決権の数が総

株主又は総社員の議決権の百分の五十を超える数となる場合は、この限りでない。
一　当該後継者が当該旧代表者からの贈与又は当該贈与を受けた旧代表者の推定相続人からの相続、遺贈若しくは贈与により取得した当該特例中小企業者の株式等の全部又は一部について、その価額を遺留分を算定するための財産の価額に算入しないこと。
二　前号に規定する株式等の全部又は一部について、遺留分を算定するための財産の価額に算入すべき価額を当該合意の時における価額（弁護士、弁護士法人、公認会計士（公認会計士法（昭和二十三年法律第百三号）第十六条の二第五項に規定する外国公認会計士を含む。）、監査法人、税理士又は税理士法人がその時における相当な価額として証明をしたものに限る。）とすること。
2　次に掲げる者は、前項第二号に規定する証明をすることができない。
一　旧代表者
二　後継者
三　業務の停止の処分を受け、その停止の期間を経過しない者
四　弁護士法人、監査法人又は税理士法人であって、その社員の半数以上が第一号又は第二号に掲げる者のいずれかに該当するもの

1 総説

円滑化法第四条第一項第二号は、旧代表者の推定相続人全員の合意の一つとして、後継者が旧代表者からの贈与等により取得した株式等について、遺留分を算定するための財産の価額に算入すべき価額を合意の時における価額とする旨の合意（以下「固定合意」という）をすることができること、及び固定合意に固有の要件として、弁護士、弁護士法人、公認会計士（外国公認会計士を含む）、監査法人、税理士または税理士法人（以下「弁護士等」という）による価額の証明が必要である旨を定めている。

また、同条第二項は、当該価額の証明を行う主体に関して、当該特例中小企業者と一定の関係にある者などを除外する旨を規定している。

2 固定合意（第四条第一項第二号）

(1) 民法の定めと問題点

民法は、遺留分の算定につき、下記のとおり定める。

【民法第一〇二九条第一項】
遺留分は、被相続人が相続開始の時において有した財産の価額にその贈与した財産の価額を加えた額から債務の全額を控除して、これを算定する。

この規定の解釈として、通説は、遺留分を算定する基礎財産の評価時期は、相続開始時、すなわち被相続人死亡時であると解している。

そのため、先代経営者から自社株式等の生前贈与がなされた後、後継者の経営努力により企業価値が高まり、当該株式等の価額が上昇した場合、当該上昇分が遺留分算定の基礎に算入され、推定相続人からの減殺請求の対象に含まれてしまうことになる。

後継者の視点から見るならば、せっかく努力して企業の価値を高めても、その成果の一定部分が他人（推定相続人）に流れてしまうのであるから、民法の原則による遺留分の評価方法は、後継者による経営意欲を阻害する要因となる。このことは、これまで事業承継対策として生前贈与が活用されてこなかった原因の一つになっていると考えられる。

(2) 固定合意制度の創設

そこで円滑化法は、このような民法の原則に従った場合の弊害を回避する方法として、民法の特例措置として、旧代表者の推定相続人全員の合意により、予め遺留分算定の基礎財産に算入すべき価額を、当該合意の時における価額に固定する制度を設けたものである。

当該合意が有効とされれば、生前贈与後の後継者の経営努力による株式等の価値の増加部分は、すべて後継者のものとなるから、後継者による経営努力を助長する効果も期待される。

なお、後継者を保護する方策としては、同条項第一号が定める生前贈与された財産を遺留分算定の基礎から除外する合意（除外合意）の方が効果的ではあるが、これは遺留分の一部を放棄することとなるため、推定相続人の抵抗感は強く、その全員の同意を得ることは必ずしも容易ではない。他方で、固定合意であれば、推定相続人の同意が得られやすいものと考えられ（推定相続人は実質的に失うものがない）、その意味で利便性の高い制度となっている。

なお、固定合意と除外合意とは、選択関係にあるわけではなく、一部の株式について除外合意をし、他の一部の株式について固定合意をすることも可能である。

3 弁護士等による価額の証明について

(1) 法の定めと趣旨

前記のとおり、円滑化法第四条第一項第二号は、弁護士等によりその価額が相当であると証明された価額のみを、固定合意の対象としている。すなわち、仮に推定相続人全員の合意により株式等の評価が定まったとしても、弁護士等の証明がない限り、民法特例の適用はないのである。

この点、私的自治の原則に照らせば、推定相続人全員が合意するのであれば、あえて弁護士等の証明を要求する必要はないようにも思える。

しかし、民法特例は、民法の根幹をなす遺留分制度の特例であることから、遺留分額を決定することになる株式の評価にも一定の合理性が必要である。また、後継者以外の推定相続人（以下「非後継者」という）は経営に関与していない場合が多く、後継者の提示する額が合理的か否かを判断するのは困難であることから、株式の評価額を当事者間の合意に委ねる場合には、後継者の恣意性を許すおそれがある。さらに、合意後に、非後継者が、価額が不当であるとして、錯誤無効や詐欺取消を主張するといった相続紛争が発生するおそれもある。

そこで円滑化法は、固定する株式の評価額を当事者間の合意のみに委ねることは適切ではないと考え、その評価額を、合意時における「相当な価額」として弁護士等が証明をしたものに限定したのである。

(2) 「相当な価額」の算定

後継者が民法特例を利用する目的は、会社の売却益や配当を得るためではなく、経営権を確保しつつ、事業活動を継続することにある。

したがって、「相当な価額」は、後継者が事業活動を継続することによって生み出される収益を基礎として、業種、規模、資産状況、業績等を総合的に考慮して算定するのが合理的である。

従来から、税法、会社法、M&A等のさまざまな場面を対象に、いくつかの非上場株式の評価方法が利用されているが、これらは、必ずしも前記のような経営承継の場面における評価の考え方を満たすものではない。また、遺産分割や遺留分減殺請求等、民法上必要となる評価については裁判例もなく、確立した評価方法は存在しない状況にある。

そこで、弁護士等が、「相当な価額」の証明業務を円滑に進めるためには、民法特例の趣旨を踏まえた非上場株式評価のためのガイドラインが必要不可欠となる。

中小企業庁は「非上場株式の評価の在り方に関する委員会」を設け、当該ガイドラインの策定を急いでおり、平成二〇年内にこれが発表される予定である。

なお、同ガイドラインにおいては、①民法特例の趣旨を踏まえた評価のあり方を整理した上で、②特性に応じて会社を類型化し、類型ごとの評価方法の理論化を図りつつ、③本制度の活用が想定される基本的事例における具体的な評価方法が示される見通しである。

(3) 価額の証明をした弁護士等の責任

円滑化法の他に、弁護士等が財産の価額を証明する制度として、会社の現物出資・財産引受けの目的財産の価額に関する弁護士等による証明制度がある（会社法第三三条第十項第三号）。会社法の証明制度においては、財産の実際の価額が、証明価額より著しく不足する場合に、弁護士等に価額塡補責任が生じる旨を規定している（同第五二条第三項）。

これに対して、円滑化法は、価額の証明をした弁護士等の責任について定める規定は置いていないが、後継者や推定相続人との法律関係に鑑みると、価額証明をした弁護士等に、以下のような責任が生じる可能性がある。

すなわち、弁護士等は、後継者や推定相続人らからの依頼により、価額の証明をなすものであるから、後継者や推定相続人らとの法律関係は、委任（厳密には「委託」）に該当するものと思われる。

したがって、弁護士等は、その事務の処理たる価額の証明について善良な管理者としての注意義務を負担するから（民法第六四四条）、弁護士等がこの義務に違反して、証明の任務を懈怠したことにより委任者たる後継者や推定相続人らに損害を生じさせた場合には、損害賠償責任を負う（民法第四一五条）。

具体的には、弁護士等が、当該株式等の価額を過大に評価していた場合には、後継者が損害を被り、株式等の価額を過小に評価していた場合には、後継者以外の推定相続人が損害を被り、それぞれの場合に損害賠償請求がなされることになる。

このように、円滑化法による価額の証明においては、過大評価の場合にも過小評価の場合にも、弁護士等に法的責任が生じる可能性があるのである。

過大評価の責任のみを規定している会社法上の価額証明業務にあっては、極言すれば控えめな評価をしておけば責任を負うおそれはなかったのであるが、本制度においてはそのような考えが通用しないこととなるので、実務家は注意を要する。

4 価額の証明をすることができない者（第四条第二項）

弁護士等による価額の証明に関して、円滑化法第四条第二項は、①旧代表者、②後継者、③業務の停止の処分を受け、その停止の期間を経過しない者、及び④弁護士法人、監査法人または税理士法人であって、その社員の半数以上が①または②に掲げる者のいずれかに該当するものは、価額の証明をなし得ないものと定めている。

すなわち、弁護士等による価額の証明は、推定相続人の合意の納得を得るため、また後日のトラブルを回避するため、公正適切な評価をするものでなければならない。

そこで円滑化法は、類型的に、その評価の公正適切性に疑問を生じさせる者を列挙して、欠格事由を定めたものである。

第5章

合意の効力とその消滅
——第九条、第十条

本章では、円滑化法第四条第一項第一号に掲げる合意（除外合意、固定合意等）の効果の内容、及びその効果が消滅する場合について述べる。

各合意の効果については同法第九条が、そして、合意の効果の消滅については、第十条が規定している。そこで以下、各条につき順に述べることとする。

1 合意の効力（第九条）

第九条（合意の効力）　前条第一項の許可があった場合には、民法第千二十九条第一項の規定及び同法第千四十四条において準用する同法第九百三条第一項の規定にかかわらず、第四条第一項第一号に掲げる内容の定めに係る株式等並びに第五条及び第六条第二項の規定による合意に係る財産の価額を遺留分を算定するための財産の価額に算入しないものとする。

2　前条第一項の許可があった場合における第四条第一項第二号に掲げる内容の定めに係る株式等について遺留分を算定するための財産の価額に算入すべき価額は、当該定めをした価額とする。

3　前二項の規定にかかわらず、前条第一項に規定する合意は、旧代表者がした遺贈及び贈与について、当該合意の当事者（民法第八百八十七条第二項（同条第三項において準用する場合を含む。）の規定により当該旧代表者の相続人となる者（次条第四号において「代襲者」という。）を含む。次条第三号において同じ。）以外の者に対してする減殺に影響を及ぼさない。

(1) 総説

円滑化法第九条は、第四条第一項の規定による合意（後継者が取得した株式等に関する遺留分の算定に係る合意）、あるいは、第五条または六条第二項の規定による合意（後継者が取得した株式等以外の財産に関する遺留分の算定に係る合意）について、第八条第一項で定める家庭裁判所の許可を受けた場合に、遺留分算定に関する民法の規定にかかわらず、当該合意の内容及び価額の算定方法が、遺留分の基礎となる財産の価額の算定にあたって斟酌されること（円滑化法第九条第一項及び二項）、及び旧代表者がした遺贈及び贈与について当該合意の当事者以外の者に対して遺留分減殺請求を行うときには、第九条第一項及び二項は適用されないこと（円滑化法第九条第三項）を定める。

(2) 第一項（遺留分を算定するための財産の価額に算入しない価額に関する合意）の規定

① 法の定め

円滑化法第九条第一項は、第八条第一項で定める家庭裁判所の許可があった場合には、民法の遺留分の算定の基礎となる財産についての定めにかかわらず、旧代表者の推定相続人全員の合意で定めた、後継者が旧代表者からの贈与または当該贈与を受けた旧代表者の推定相続人からの相続、遺贈もしくは贈与により取得した株式等その他の財産の全部または一部（円滑化法第四条第一項第一号、第五条、第六条第二項）の価額を、遺留分を算定するための財産の価額に算入しないものとすることを定める。これは「除外合意」とも言われ、以下に説明するように、民法の特例である。

② 民法の定め

民法は遺留分の算定につき、次のとおり定める。

【民法第一〇二九条第一項】
遺留分は、被相続人が相続開始の時において有した財産の価額にその贈与した財産の価額を加えた額から債務の全額を控除して、これを算定する。

【民法第一〇四四条において準用する同法第九〇三条第一項】
共同相続人中に、被相続人から、遺贈を受け、又は婚姻若しくは養子縁組のため若しくは生計の資本として贈与を受けた者があるときは、被相続人が相続開始の時において有した財産の価額にその贈与の価額を加えたものを相続財産とみなし、前三条の規定により算定した相続分の中からその遺贈又は贈与の価額を控除した残額をもってその者の相続分とする。

図表30

相続開始時に有した財産の価額（※１）
＋
贈与財産の価額（※２）
−
債務全額（※３）
＝
遺留分算定の基礎となる財産の価額

民法第一〇二九条第一項は、遺留分の基礎となる財産に関する定めである。同項により、具体的な遺留分額を算定することができる。

遺留分算定の基礎となる財産は、**図表30**のように算定される。

相続開始時に有した財産（※1）が相続財産となるのであるが、相続財産そのものを遺留分算定の基礎としてしまうと、例えば遺産全部を他に贈与してしまったような場合には、相続財産がなく、遺留分はゼロということになり、遺留分という制度による本来の目的が果たせない。

そこで、一定範囲の贈与財産（※2）についても、遺留分の基礎となる財産の算定においては加算することとされたものである（『新版　注釈民法(28)相続（3）』補訂版　有斐閣四五五頁参照）。なお、「贈与財産」とは、①相続開始前一年間に贈与したもの、あるいは、

図表31

相続開始時に有した財産の価額
＋
贈与財産の価額
＋
婚姻・養子縁組・生計の資本として受けた贈与の額
－
債務全額
＝
遺留分算定の基礎となる財産の価額

②当事者双方が遺留分権利者に損害を加えることを知って贈与したときには一年前の日より前のもの、をいう（民法第一〇三〇条）。

控除されるべき債務（※3）については、私法上の債務のみならず、租税債務などの公法上の債務も含まれる。なお、相続税、相続財産の管理費用などの相続財産に関する費用、遺言書検認申請の費用などの遺言執行に関する費用は、ここにいう「控除されるべき債務」にはあたらないというのが通説の立場である（『新版 注釈民法(28)相続(3)』補訂版 有斐閣四五七頁参照）。

次に、民法第一〇四四条（遺留分についての準用）において準用される第九〇三条第一項によると、共同相続人のうち、婚姻、もしくは養子縁組のため、あるいは生計の資本として被相続人から贈与を受けた者があるときは、その贈与の価額を遺留分算定の基礎となる財産に算入されることとなると定める。すなわち、前述した計算式で示すと、**図表31**のとおりとなる。

なお、婚姻・養子縁組・生計の資本として受けた贈与については、その贈与の時期や遺留分権利者に損害を加えることを知っていたかを問わずに、遺留分の算定の基礎となる財産に算入されることとされている（『新版 注釈民法(28) 相続（3）』補訂版 有斐閣五三八頁参照）。

③ 民法の特例としての円滑化法第九条第一項の趣旨

円滑化法第九条第一項の定めは、前記の民法の特例である。すなわち、第九条第一項によれば、円滑化法第四条第一項の規定による合意（後継者が取得した株式等に関する遺留分の算定に係る合意）、あるいは、第五条または六条第二項の規定による合意（後継者が取得した株式等以外の財産に関する遺留分の算定に係る合意）について円滑化法第八条第一項で定める家庭裁判所の許可を受けた場合には、前記の合意に係る財産の価額を、遺留分を算定するための財産の価額に算入しないということになるのである。

これにより、遺留分の基礎となる財産は、後継者に引き継がれるべく合意された財産の分だけ減少し、後継者に引き継がれる株式等及びその他の財産は、遺留分減殺請求の対象とならないことになる。したがって、事業継続に不可欠である株式その他の財産について、遺留分減殺請求による株式その他の財産の分散を防止することができるというメリットがあると考えられる。

(3) 第二項(遺留分の基礎となる財産の価額に算入すべき価額についての合意)の規定

① 法の定め

円滑化法第九条第二項は、第八条第一項に定める家庭裁判所の許可があった場合には、後継者が旧代表者からの贈与または当該贈与を受けた旧代表者の推定相続人からの相続、遺贈もしくは贈与により取得した株式等の全部または一部について遺留分を算定するための財産の価額に算入すべき価額を、当該合意の時における価額(一定の専門家の証明のあるものに限る)とするという、旧代表者の推定相続人全員の合意によって定めた価額を、遺留分を算定するための財産の価額に算入すべき価額とすることを定める。これは「固定合意」とも言われ、次に説明するように、民法の特例である。

② 民法における評価の基準時

遺留分の算定の基礎となる財産の評価の時期について、通説は、「相続開始の時」、すなわち、「被相続人死亡の時」と解している。これは、遺留分の権利が具体的に発生し遺留分の範囲が確定するのが相続開始の時であることを理由とする（『新版　注釈民法(28)相続（3）』補訂版　有斐閣四五九頁参照）。判例も同様の立場である（最判昭五一年三月十八日民集三〇巻二号一一一頁）。

③　民法の特例としての第九条第二項の趣旨

民法の規定によると、生前贈与の後、後継者の経営努力によって株式の価値が上がった場合にも、遺留分の算定にあたっては、旧代表者の死亡時点（相続開始時点）が基準とされる。これでは、株式価値が上がった後の価額が基準となるため、後継者の努力が後継者の相続分に適正に反映されないケースが出てくることになり、後継者の経営努力により株式価値を上昇させてもそれが後継者に還元されず、後継者が経営意欲を失ってしまって経営承継がうまくいかないおそれがある。

そこで、円滑化法第九条第二項は、第四条第一項第二号に従って遺留分を算定するための財産の価額に算入すべき価額を「当該合意の時における価額」とするとの合意について同法第八条第一項で定める家庭裁判所の許可を受けた場合には、当該合意の価額を、遺留分を算定するための財産の価額に算入すべき価額とすることを定めている。同項は、前記の民法における財産の評価の基準時について、特例を定めるものである。

これにより、「被相続人死亡の時」がいつになるかによって評価額が変動するような株式等について、事前に当事者の合意により定めた価額で遺留分を算定することができることになり、後継者が経営意欲をもって働くことができる、また、株価の変動による不利益を考慮に入れずに経営の承継を行うことが可能となるなどのメリットがあると考えられる。

(4) 第三項（合意の効力の及ぶ範囲）の規定

① 法の定め及び趣旨

前記のとおり、円滑化法第九条第一項ないし二項は、合意に係る財産の価額は遺留分を算定するための財産の価額から除外し（円滑化法第九条第一項）、あるいは、合意をした価額で遺留分の基礎となる財産の価額を算定する（同第九条第二項）という効果が生じることを定める。しかし、第九条第三項は、同条第一項ないし二項の規定にかかわらず、第八条第一項に関する合意（円滑化法第四条第一項の規定による合意（後継者が取得した株式等に関する遺留分の算定に係る合意）、あるいは、第四条第一項及び第五条または六条第二項の規定による合意（後継者が取得した株式等以外の財産に関する遺留分の算定に係る合意）で、一定の要件の下で家庭裁判所の許可を受けたもの）は、合意の当事者以外の者に対してする減殺請求に影響を及ぼさないと定める。

つまり、合意の当事者以外の者に対して遺留分の減殺請求を行う場合には、民法の原則が適用され、民法の規定に従って遺留分を計算することとされている。

この規定の趣旨は次のとおりである。すなわち、本来、旧代表者が、合意の当事者以外の第三者、つまり推定相続人以外の者に対して遺贈または生前贈与をした場合、当該遺贈または生前贈与（原則として、相続開始前一年間になされたものに限る）の目的である財産が遺留分算定の基礎財産に算入され、遺留分の侵害があれば、法定の順序に従って減殺をすることができる。ところが、この際、第三者に対して民法特例に係る合意の効力を及ぼすと、民法の規定によれば減殺を受けることがなかった第三者が減殺を受け、あるいは逆に、民法の規定によれば減殺を受ける第三者が減殺を受けなくなる場合があり得る。

このように、民法特例に係る合意によって、当事者以外の第三者が有利にも不利にも影響を受けるのは適当でないため、円滑化法第九条第三項において、第三者に影響を及ぼさない旨を規定している（「中小企業における経営の承継の円滑化に関する法律案」『税務弘報』中央経済社　二〇〇八年五月号六四頁参照）。

②「当該合意の当事者」に含まれる者

「当該合意の当事者」については、「民法第八百八十七条第二項（同条第三項において準用する場合を含む。）の規定により当該旧代表者の相続人となる者（次条第四号において「代襲者」という。）を含む。次条第三号において同じ。」と円滑化法第九条第三項に明記されている。

民法第八八七条第二項は、被相続人の子が、相続の開始以前に死亡した等の場合に、その者（被相続人の子）の子がこれを代襲して相続人となるとされ、同条第三項は第二項を準用し、代襲者が相続の開始以前に死亡した場合等には、さらにその者（代襲者）の子が代襲者となるとする。

円滑化法においても、民法における前記の者を「代襲者」ということとしており、次条の第十条第四号において、「代襲者」の用語が使われている。

2 合意の効力の消滅（第十条）

第十条（合意の効力の消滅）　第八条第一項に規定する合意は、次に掲げる事由が生じたときは、その効力を失う。
一　第七条第一項の確認が取り消されたこと。

二　旧代表者の生存中に後継者が死亡し、又は後見開始若しくは保佐開始の審判を受けたこと。
三　当該合意の当事者以外の者が新たに旧代表者の推定相続人となったこと。
四　当該合意の当事者の代襲者が旧代表者の養子となったこと。

(1)　総　説

円滑化法第八条第一項に関する合意（第四条第一項の規定による合意（後継者が取得した株式等に関する遺留分の算定に係る合意）、あるいは、第四条第一項及び第五条または六条第二項の規定による合意（後継者が取得した株式等以外の財産に関する遺留分の算定に係る合意）で、一定の要件の下で家庭裁判所の許可を受けたもの）については、次の場合には、その効力を失うとされる。

合意の効力が失われた場合には、後継者とならない者は、後継者に対し、民法の規定に従い遺留分減殺請求をすることができることになる。

(2)　合意が効力を失う事由及びその趣旨

①　経済産業大臣の確認（円滑化法第七条第一項）が取り消されたこと

経済産業大臣の確認は、円滑化法第八条の家庭裁判所の許可を受けることが前提であり、家庭裁判所の許可を得た合意の内容及び価額の算定方法が、遺留分の基礎となる財産の価額の算定にあたって斟酌されることになる。つまり、経済産業大臣の確認は、民法の特例に係る合意の効力要件であると言える。したがって、経済産業大臣の確認が取り消された場合には、効力要件を欠くこととなり、当然に効力を失う。

② 旧代表者の生存中に後継者が死亡し、または後見開始もしくは保佐開始の審判を受けたこと

円滑化法は、中小企業における経営の承継を円滑に行うという目的を有しているので(円滑化法第一条)、後継者の死亡、あるいは、後継者が会社経営の能力を喪失した場合には、経営の円滑な承継という目的は達成できず、もはや合意の効力を継続させる要請がなくなる。このため前記の場合には、合意は効力を失う。

③ 当該合意の当事者以外の者が新たに旧代表者の推定相続人となったこと

旧代表者に新たに子供が生まれるなどして、新たな遺留分権利者が生じた場合には、その者は合意に加わっていないため、その新たな遺留分権利者からの遺留分減殺請求については、民法の規定が適用されることとなる。この場合は、「旧代表者の推定相続人の全員による合意」という合意の前提が崩れることになるため、合意は効力を失う。

④ 当該合意の当事者の代襲者が旧代表者の養子となったこと

合意の当事者の代襲者が旧代表者の養子となった場合には、当該代襲者は、代襲者としての遺留分と、養子としての遺留分とをもつことになり、養子の資格で有する遺留分減殺請求権を行使することができるようになる。そのため、この場合にも、合意に加わっていない遺留分権利者が生じ、「旧代表者の推定相続人の全員による合意」という合意の前提が崩れることになるため、合意は効力を失う。

第3部 金融支援措置

第1章

経済産業大臣の認定

――第十二条

第十二条（経済産業大臣の認定）　次の各号に掲げる者は、当該各号に該当することについて、経済産業大臣の認定を受けることができる。

一　会社である中小企業者（金融商品取引法第二条第十六項に規定する金融商品取引所に上場されている株式又は同法第六十七条の十一第一項の店頭売買有価証券登録原簿に登録されている株式を発行している株式会社を除く。）当該中小企業者における代表者の死亡等に起因する経営の承継に伴い、死亡したその代表者（代表者であった者を含む。）又は退任したその代表者の資産のうち当該中小企業者の事業の実施に不可欠なものを取得するために多額の費用を要することその他経済産業省令で定める事由が生じているため、当該中小企業者の事業活動の継続に支障が生じていると認められること。

二　個人である中小企業者　他の個人である中小企業者の死亡等に起因する当該他の個人である中小企業者が営んでいた事業の経営の承継に伴い、当該他の個人である中小企業者の資産のうち当該個人である中小企業者の事業の実施に不可欠なものを取得するために多額の費用を要することその他経済産業省令で定める事由が生じているため、当該個人である中小企業者の事業活動の継続に支障が生じていると認められること。

2　前項の認定に関し必要な事項は、経済産業省令で定める。

1 金融支援措置が設けられた背景

中小企業の代表者の死亡等によって、その経営の承継がなされる際には、多額の相続税の負担が発生したり、株式の分散を防止するための株式買取資金が必要であったり、さらには、金融機関に対する信用力が低下するなど、多額の資金需要が発生することが多い。これらの資金需要は、日常の企業活動により発生するものではなく、事業承継という特殊な事情を要因として発生するものであるため、普段は運転資金が枯渇するようなことはない優良な企業までが、事業承継に基づき発生した資金需要により、資金繰りに窮することがある。

そこで、円滑化法の第三章では、事業承継により発生する資金需要に対応するため、一定の要件を満たす中小企業とその経営者に対する金融支援措置として、中小企業信用保険法、株式会社日本政策金融公庫法の特例が設けられている。

2 金融支援措置を受けるための要件

(1) 主体について

円滑化法第三章において設けられた金融支援措置は、認定中小企業者（会社及び個人事業主。円滑化法第十三条）と個人である認定中小企業者の代表者（第十四条）を対象としている。

まず、個人である認定中小企業者の代表者に対しても、金融支援措置が設けられたことは注目すべきことである。これまでの公的金融機関では中小企業向け融資として、代表者個人への融資は取り扱っておらず、事業承継に基づき発生する代表者の資金需要を公的金融機関からの融資によって賄うことはできなかった。しかし、円滑化法第三章の金融支援措置を利用すれば、事業の承継者が公的金融機関から資金を調達して、相続税を支払ったり、事業のために必要不可欠となる資産を取得したりすることも可能となる。また、円滑化法第三章の金融支援措置については、同第二章の民法の特例措置のように推定相続人が経営を承継する場合に限られるものではない。事業は親族内だけで承継されるものではなく、能力と意欲のある従業員へ承継されたり、M&Aによって他企業へ承継させたりすることも当然に考えられる。円滑化法第十二条は、金融支援措置を受けるための主体に係る要件について、会社については非上場の中小企業であることが要件とされているが、それ以外の要件は課されていないため、他企業へのM&A、従業員へのMBO、MEOなどにも活用されることが期待されている。

(2) 実体的要件

前述のように、金融支援措置の対象は認定中小企業者（円滑化法第十三条）及びその代表者（第十四条）であるから、いずれの場合も「認定」中小企業者に該当することが出発点となる。

円滑化法第十二条第一項第一号及び二号は、「認定」中小企業者の要件を、①会社である中小企業者と、②個人である中小企業者にわけてそれぞれ規定しているが、その内容はほぼ一致している。

金融支援措置を受けるための要件は、以下の三点について、経済産業大臣の認定を受けることである。

① 事業承継に伴う資金需要であること
② 事業の実施に不可欠なものを取得するために、多額の費用を要すること（その他経済産業省令によって定める事由が生じること）
③ 事業活動の継続に支障が生じていること

①について

円滑化法第三章において設けられた金融支援措置は、事業承継に伴う資金需要に対応するための支援措置であることから、当該資金需要が代表者の死亡等に起因する事業承継に伴い発生していることが必要となる。

②について

事業承継に伴い発生した資金需要の内容が、事業の実施に不可欠なものを取得するために多額の費用を要すること、あるいは、経済産業省令で定める事由が生じていることが必要とされている。

円滑化法では、「事業の実施に不可欠なものを取得するために多額の費用を要すること」しか要件が明示されていないため、それ以外の要件については、経済産業省令の公布を待つほかないが、金融支援措置が設けられた趣旨に鑑みれば、相続税の支払い、株式の買取り、M&Aなどの事業承継に伴い発生する多様な資金需要にも対応できるような省令が定められることが期待される。

③について

事業承継に伴い発生した資金需要によって、事業活動の継続に支障が生じていることが必要とされている。円滑化法第三章の金融支援措置は、事業承継に伴い発生する資金需要によって、健全な企業の事業継続が困難となることを防止する趣旨で設けられたものであることから「事業活動の継続に支障が生じていること」が要件とされたものであるが、この要件を厳格に運用すれば回収可能性のない貸付けを行うことになりかねない上、当初の目的も達成できない危険性があるため、柔軟な対応が必要である。

(3) 手続的要件

円滑化法第十三条第二項では、同条第一項の認定に関して必要な事項は経済産業省令で定めるとされており、金融支援措置を受けるための省令で定められることとされている。

また、本法は、既存の政府系金融機関が再編された結果設立される株式会社日本政策金融公庫の発足日を施行日としており、最終的に支援を行うか否かは日本政策金融公庫が決定することが予定されている。

第2章

中小企業信用保険法の特例

——第十三条

第十三条（中小企業信用保険法の特例）　中小企業信用保険法（昭和二十五年法律第二百六十四号）第三条第一項に規定する普通保険、同法第三条の二第一項に規定する無担保保険又は同法第三条の三第一項に規定する特別小口保険の保険関係であって、経営承継関連保証（同法第三条第一項、第三条の二第一項又は第三条の三第一項に規定する債務の保証であって、前条第一項の認定を受けた中小企業者（以下「認定中小企業者」という。）の事業に必要な資金に係るものをいう。）を受けた認定中小企業者に係るものについての次の表の上欄に掲げる同法の規定の適用については、これらの規定中同表の中欄に掲げる字句は、同表の下欄に掲げる字句とする。

第三条第一項	保険価額の合計額が	中小企業における経営の承継の円滑化に関する法律第十三条に規定する経営承継関連保証（以下「経営承継関連保証」という。）に係る保険関係の保険価額の合計額とその他の保険関係の保険価額の合計額とがそれぞれ
第三条の二第一項及び第三条の三第一項	保険価額の合計額が	経営承継関連保証に係る保険関係の保険価額の合計額とその他の保険関係の保険価額の合計額とがそれぞれ
第三条の二第三項	当該借入金の額のうち	経営承継関連保証及びその他の保証ごとに、それぞれ当該借入金の額のうち
	当該債務者	経営承継関連保証及びその他の保証ごとに、当該債務者
第三条の三第二項	当該保証をした	経営承継関連保証及びその他の保証ごとに、それぞれ当該保証をした
	当該債務者	経営承継関連保証及びその他の保証ごとに、当該債務者

1 総　説

円滑化法第十三条は、株式及び事業用資産等の買取資金や一定期間の運転資金（経営者交代による信用力低下時の運転資金等）及び、経営者の死亡等に伴い必要となる相続税のための資金等の調達を支援するため、中小企業信用保険法に規定する普通保険等の保険関係であって、経済産業大臣の認定を受けた中小企業者（以下「認定中小企業者」という）の事業に必要な資金の借入れに関する普通保険、無担保保険及び特別小口保険の付保限度額の別枠化の措置を講ずるものである。

2 円滑化法第十三条による中小企業信用保険法の特例創設

事業承継に際しては、株式の買取り、親族内承継における後継者の相続税納税資金、親族外承継における後継者の事業所取得資金など、資金調達が大きな課題となる。

また、中小企業の場合、現経営者が会社の借入れについて個人保証または連帯保証をしている場合が多いが、金融機関は、いったん設定した保証は簡単には解除しない傾向があり、親族外承継の場合で後継者に個人資産がない場合などには、前経営者は、事業を承継した後も個人保証を解除できないという問題が生じることがある。一方で、後継者は、個人保証を求められることに抵抗が大きい場合が少なくない。このように、経営者に個人保証を付すことが問題となる場合が散見される。

これらの問題解決の一助とするため、保証の問題について、中小企業金融全体の問題として総合的な検討を行うこととなり、その結果として、前記のとおり、円滑化法第十三条により、中小企業信用保険法の特例が創設されたのである。

3 中小企業信用保険法の特例（第十三条）

(1) 信用保険制度

円滑化法第十三条で付保限度額の別枠化の措置を講じることとなった信用保険制度とは、信用保証協会が行う信用保証のリスクを軽減することにより、それぞれの信用保証

図表 32

【認定中小企業者の場合】

		経営承継関連保証に係る保険関係
通常 普通保険（2 億円） 無担保保険（8,000 万円） 特別小口保険（1,250 万円）	＋	拡大（別枠化） 普通保険（2 億円） 無担保保険（8,000 万円） 特別小口保険（1,250 万円）

制度と一体となって、中小企業者または破綻金融機関等の融資先である中堅事業者の資金調達の円滑化を図るための制度である。

信用保証協会は、中小企業者または破綻金融機関等の融資先である中堅事業者が金融機関から事業資金を借り入れるときに、その借入れまたは社債に係る債務の保証人になるが、これにより、金融機関は貸出リスクが信用保証協会により軽減されるので、中小企業者等に対する資金の融通に積極的に取り組むことができ、中小企業者等は金融機関から円滑に資金調達を行うことができるようになる。

信用保険制度は、こうした信用保証協会が行う信用保証リスクを保険によって軽減し、信用保証制度を支援することにより、中小企業者等の資金調達を促進させる役割を果たす制度である。

(2) 中小企業信用保険法の特例の内容

円滑化法第十三条により、**図表32**のとおり、中小企業信用保険法に規定する普通保険等の保険関係であって、経済産業大臣の認定を受けた中小企業者の事業に必要な資金の借入れに関する普通保険、無担保保険及び特別小口保険の付保限度額の別枠化、すなわち、前述のとおり、中小企業者等の資金調達を促進させる信用保証制度の付保限度額の拡大がなされた。

第3章

株式会社日本政策金融公庫法及び沖縄振興開発金融公庫法の特例

——第十四条

第十四条（株式会社日本政策金融公庫法及び沖縄振興開発金融公庫法の特例）　株式会社日本政策金融公庫又は沖縄振興開発金融公庫は、株式会社日本政策金融公庫法（平成十九年法律第五十七号）第十一条又は沖縄振興開発金融公庫法（昭和四十七年法律第三十一号）第十九条の規定にかかわらず、認定中小企業者（第十二条第一項第一号に掲げる中小企業者に限る。）の代表者に対し、当該代表者が相続により承継した債務であって当該認定中小企業者の事業の実施に不可欠な資産を担保とする借入れに係るものの弁済資金その他の当該代表者が必要とする資金であって当該認定中小企業者の事業活動の継続に必要なものとして経済産業省令で定めるもののうち別表の上欄に掲げる資金を貸し付けることができる。

2　前項の規定による別表の上欄に掲げる資金の貸付けは、株式会社日本政策金融公庫法又は沖縄振興開発金融公庫法の適用については、それぞれ同表の下欄に掲げる業務とみなす。

別表（第十四条関係）

一　小口の資金	株式会社日本政策金融公庫法第十一条第一項第一号の規定による同法別表第一第一号の下欄に掲げる資金の貸付けの業務又は沖縄振興開発金融公庫法第十九条第一項の業務
二　農林漁業の持続的かつ健全な発展に資する長期かつ低利の資金	株式会社日本政策金融公庫法第十一条第一項第一号の規定による同法別表第一第八号の下欄のチ、ヲ若しくはタに掲げる資金の貸付けの業務又は沖縄振興開発金融公庫法第十九条第一項の業務
三　長期の資金（前号に掲げるものを除く。）	株式会社日本政策金融公庫法第十一条第一項第一号の規定による同法別表第一第十四号の下欄に掲げる資金の貸付けの業務又は沖縄振興開発金融公庫法第十九条第一項の業務

1 概要

本条は、認定中小企業者の代表者個人に対する金融支援を目的とするものである。

すなわち、株式会社日本政策金融公庫及び沖縄振興開発金融公庫は、株式会社日本政策金融公庫法または沖縄振興開発金融公庫法の規定にかかわらず、認定中小企業者（会社であるものに限る）の代表者個人に対して、当該認定中小企業者の事業活動の継続に必要な、次の資金を貸し付けることができるものとする。

① 小口の資金
② 農林漁業の持続的かつ健全な発展に資する長期かつ低利の資金
③ 長期の資金（前号に掲げるものを除く）

これまで、政府系金融機関の中小企業向け融資の対象は、会社・個人（事業主）とされていた。すなわち、会社組織により事業を営んでいる場合には、その会社は金融支援の対象となるが、その代表者個人は対象外とされていたのである。

しかし、経営承継の場面では、相続税の納税資金をはじめ、会社の代表者個人の資金

図表 33

【金融支援措置の全体イメージ】

⑴　**既存の制度**

①　中小企業信用保険法
適用対象……中小企業者（会社＆個人事業主）
限　度　額……普通保険 2 億円
無担保保険 8,000 万円
特別小口保険 1,250 万円

②　日本政策金融公庫法及び沖縄振興開発金融公庫法
融資対象……中小企業者（会社＆個人事業主）

⑵　**本法による特例**

①　中小企業信用保険法の特例（円滑化法第 13 条）
適用対象………中小企業者（会社＆個人事業主）
限度額の別枠…上記限度額と同額（つまり、既存の制度と合計すれば限度額が 2 倍となる）

②　日本政策金融公庫法及び沖縄振興開発金融公庫法の特例（円滑化法第 14 条）
融資対象……中小企業者（会社）の代表者個人

※中小企業者（会社＆個人事業主）が日本政策金融公庫から融資を受けることは、本法の特例がなくても可能であるため、本法の適用対象とはなっていない。

図表 34

【株式会社日本政策金融公庫の概要】

現行	平成 20 年 10 月 1 日
国民生活金融公庫	株式会社日本政策金融公庫
農林漁業金融公庫	
国際協力銀行（国際金融等業務）	

※沖縄振興開発金融公庫は平成 24 年度以降に統合

需要も発生する。

本条により、認定中小企業者（非上場会社）については、代表者個人にも融資が拡大されることとなる点に意義がある（**図表33**）。

2 株式会社日本政策金融公庫について

本条に規定される株式会社日本政策金融公庫とは、**図表34**のように、現行の国民生活金融公庫、農林漁業金融公庫、そして国際協力銀行の国際金融等業務を統合して、平成二〇年一〇月一日に誕生する政府系の金融機関である。

沖縄振興開発金融公庫は、平成二四年度以降に統合される予定である。

第4章

指導及び助言──第十五条

第十五条（指導及び助言）　経済産業大臣は、中小企業者であって、その代表者の死亡等に起因する経営の承継に伴い、従業員数の減少を伴う事業の規模の縮小又は信用状態の低下等によって当該中小企業者の事業活動の継続に支障が生じることを防止するために、多様な分野における事業の展開、人材の育成及び資金の確保に計画的に取り組むことが特に必要かつ適切なものとして経済産業省令で定める要件に該当するものの経営に従事する者に対して、必要な指導及び助言を行うものとする。

1 本条の趣旨

中小企業の事業承継においては、事業の将来性、後継者不足、相続人間の遺産分割や遺留分、相続税など、さまざまな問題が生じる。そこで、事業承継に際して中小企業の事業活動の継続に支障が生じることを防止するために、事業の継続・発展を通じた雇用確保や地域経済の活力維持を図るべく、事業承継円滑化のための総合的な支援策を講じようとするものである。

2 予算措置

経済産業省の平成二〇年度の中小企業関連予算の概要によれば、中小企業における経営の承継の円滑化を図るための支援策の予算として、①中小企業円滑化支援事業、②事業承継支援センター設立支援費が計上されている。

(1) 中小企業円滑化支援事業

中小企業円滑化支援事業については、平成十九年度予算は二・〇億円であったものが、平成二〇年度は、五・一億円と、拡充が図られている。

中小企業円滑化支援事業予算の使途としては、次のようなものが考えられている。

・事業承継シンポジウム開催
・事業承継経営者向けセミナー
・事業承継実務家向けセミナー
・事業承継実務家向けセミナーのコンテンツ化
・事業承継コーディネーターの設置
・普及啓発リーフレット作成
・事業承継協議会運営費

(2) 事業承継支援センター設立支援費

事業承継支援センター設立支援費は、平成二〇年度予算において新規に認められたものである。

事業承継支援センターは、事業承継を支援するために、相談窓口のほか、事業承継のマッチング、後継者育成セミナー、専門家派遣などを行う拠点であり、一か所あたり約二〇〇〇万円の費用をかけて全国で一〇〇か所程度のセンターを設立することが予定され、二〇億円の予算が計上された。

当該予定に基づき、事業承継支援センターは全国一〇二か所に設置され、平成二〇年五月三〇日に業務をスタートしている。

3 事業承継支援センター

事業承継支援センターは、法人・個人事業主、親族内・親族外承継を問わず、あらゆる事業承継のニーズに対応するためのサービスを、いわゆるワン・ストップ・サービスとして提供する組織である。

事業承継支援センターは、中小企業の生産性向上等を図るために全国三一六か所に整備される「地域力連携拠点」のうちの一〇二か所を、主に事業承継を行う拠点として位置づけるものである。

事業承継支援センターは、すでに平成十四年度から実施されている長野事業承継支援センターをモデルケースとしており、その業務内容は、常設のセンターにおける相談窓口のほか、次のようなものが考えられている。

- **事業承継のマッチング交流会の開催**：後継者の不在などにより廃業の危険性がある企業と開業希望者の交流会の開催を行い、マッチングに向けた環境整備を行う。
- **後継者育成セミナー**：若手後継者（希望者を含む）等を対象に、事業承継に必要な知識、ノウハウの取得のため、二〜三日間の短期的セミナーと長期間の本格的セミナーを行う。
- **専門家派遣**：さまざまな事業承継に係る相談に対応するため、弁護士や公認会計士、税理士等の専門家派遣を行う。

モデルケースとされる長野事業承継支援センターにおける事業承継のマッチング成立件数は、平成十四年度二件、平成十五年度六件、平成十六年度十七件、平成十七年度三一件、平成十八年度三六件と報告されており、徐々に実績が上がっていることが認められる。今後は、全国規模で設置される事業承継支援センター相互の連携、地域力連携拠点との連携・相乗効果により、事業承継の一層の推進が図られることが期待される。

4 助言・指導の対象者

本条による助言・指導の対象者は、「多様な分野における事業の展開、人材の育成及び資金の確保に計画的に取り組むことが特に必要かつ適切なものとして経済産業省令に定める要件に該当するものの経営に従事する者」とされており、対象となる企業の具体的要件は、経済産業省令に委ねられている。

◎参考資料◎中小企業における経営の承継の円滑化に関する法律

目次

第一章　総則

（目的）

第一条　この法律は、多様な事業の分野において特色ある事業活動を行い、多様な就業の機会を提供することと等により我が国の経済の基盤を形成している中小企業について、代表者の死亡等に起因する経営の承継がその事業活動の継続に影響を及ぼすことにかんがみ、遺留分に関し民法（明治二十九年法律第八十九号）の特例を定めるとともに、中小企業者が必要とする資金の供給の円滑化等の支援措置を講ずることにより、中小企業における経営の承継の円滑化を図り、もって中小企業の事業活動の継続に資することを目的とする。

（定義）

第二条　この法律において「中小企業者」とは、次の各号のいずれかに該当する者をいう。

一　資本金の額又は出資の総額が三億円以下の会社並びに常時使用する従業員の数が三百人以下の会社及び個人であって、製造業、建設業、運輸業その他の業種（次号から第四号までに掲げる業種及び第五号の政令で定める業種を除く。）に属する事業を主たる事業として営むもの

二　資本金の額又は出資の総額が一億円以下の会社並びに常時使用する従業員の数が百人以下の会社及び個人であって、卸売業（第五号の政令で定める業種を除く。）に属する事業を主たる事業として営むもの

三　資本金の額又は出資の総額が五千万円以下の会社並びに常時使用する従業員の数が百人以下の会

社及び個人であって、サービス業（第五号の政令で定める業種を除く。）に属する事業を主たる事業として営むもの

四　資本金の額又は出資の総額が五千万円以下の会社並びに常時使用する従業員の数が五十人以下の会社及び個人であって、小売業（次号の政令で定める業種を除く。）に属する事業を主たる事業として営むもの

五　資本金の額又は出資の総額がその業種ごとに政令で定める金額以下の会社並びに常時使用する従業員の数がその業種ごとに政令で定める数以下の会社及び個人であって、その政令で定める業種に属する事業を主たる事業として営むもの

第二章　遺留分に関する民法の特例

（定義）

第三条　この章において「特例中小企業者」とは、中小企業者のうち、一定期間以上継続して事業を行っているものとして経済産業省令で定める要件に該当する会社（金融商品取引法（昭和二十三年法律第二十五号）第二条第十六項に規定する金融商品取引所に上場されている株式又は同法第六十七条の十一第一項の店頭売買有価証券登録原簿に登録されている株式を発行している株式会社を除く。）をいう。

2　この章において「旧代表者」とは、特例中小企業者の代表者であった者（代表者である者を含む。）であって、その推定相続人（相続が開始した場合に相続人となるべき者のうち被相続人の兄弟姉妹及びこれらの者の子以外のものに限る。以下同じ。）のうち少なくとも一人に対して当該特例中小企業者の株式等（株式（株主総会において決議をすることができる事項の全部につき議決権を行使することができない株式を除く。）又は持分をいう。以下同じ。）の贈与をしたものをいう。

3　この章において「後継者」とは、旧代表者の推定相続人のうち、当該旧代表者から当該特例中小企業者の株式等の贈与を受けた者又は当該贈与を受けた者から当該株式等を相続、遺贈若しくは贈与により取得した者であって、当該特例中小企業者の総株主（株主総会において決議をすることができる事項の全部につき議決権を行使することができない株主を除く。以下同じ。）又は総社員の議決権の過半数を有し、かつ、当該特例中小企業者の代表者であるものをいう。

（後継者が取得した株式等に関する遺留分の算定に係る合意等）

第四条　旧代表者の推定相続人は、そのうちの一人が後継者である場合には、その全員の合意をもって、書面により、次に掲げる内容の定めをすることができる。ただし、当該後継者が所有する当該特例中小企業者の株式等のうち当該定めに係るものを除いたものに係る議決権の数が総株主又は総社員の議決権の百分の五十を超える数となる場合は、この限りでない。

一　当該後継者が当該旧代表者からの贈与又は当該贈与を受けた旧代表者の推定相続人からの相続、遺贈若しくは贈与により取得した当該特例中小企業者の株式等の全部又は一部について、その価額を遺留分を算定するための財産の価額に算入しないこと。

二　前号に規定する株式等の全部又は一部について、遺留分を算定するための財産の価額に算入すべき価額を当該合意の時における価額（弁護士、弁護士法人、公認会計士（公認会計士法（昭和二十三年法律第百三号）第十六条の二第五項に規定する外国公認会計士を含む。）、監査法人、税理士又は税理士法人がその時における相当な価額として証明をしたものに限る。）とすること。

2　次に掲げる者は、前項第二号に規定する証明をすることができない。

一　旧代表者

二　後継者

三　業務の停止の処分を受け、その停止の期間を経過しない者

四　弁護士法人、監査法人又は税理士法人であって、その社員の半数以上が第一号又は第二号に掲げる者のいずれかに該当するもの

3　旧代表者の推定相続人は、第一項の規定による合意をする際に、併せて、その全員の合意をもって、書面により、次に掲げる場合に後継者以外の推定相続人がとることができる措置に関する定めをしなければならない。

一　当該後継者が第一項の規定による合意の対象とした株式等を処分する行為をした場合

二　旧代表者の生存中に当該後継者が当該特例中小企業者の代表者として経営に従事しなくなった場合

（後継者が取得した株式等以外の財産に関する遺留分の算定に係る合意等）

第五条　旧代表者の推定相続人は、前条第一項の規定による合意をする際に、併せて、その全員の合意をもって、書面により、後継者が当該旧代表者からの贈与又は当該贈与を受けた旧代表者の推定相続人からの相続、遺贈若しくは贈与により取得した財産（当該特例中小企業者の株式等を除く。）の全部又は一部について、その価額を遺留分を算定するための財産の価額に算入しない旨の定めをすることができる。

第六条　旧代表者の推定相続人が、第四条第一項の規定による合意をする際に、併せて、その全員の合意をもって、当該推定相続人間の衡平を図るための措置に関する定めをする場合においては、当該定めは、書面によってしなければならない。

2　旧代表者の推定相続人は、前項の規定による合意として、後継者以外の推定相続人が当該旧代表者からの贈与又は当該贈与を受けた旧代表者の推定相続人からの相続、遺贈若しくは贈与により取得した財産の全部又は一部について、その価額を遺留分を算定するための財産の価額に算入しない旨の定めをすることができる。

（経済産業大臣の確認）

第七条　第四条第一項の規定による合意（前二条の規定による合意をした場合にあっては、同項及び前二条の規定による合意。以下この条において同じ。）をした後継者は、次の各号のいずれにも該当することについて、経済産業大臣の確認を受けることができる。

一　当該合意が当該特例中小企業者の経営の承継の円滑化を図るためにされたものであること。

二　申請をした者が当該合意をした日において後継者であったこと。

三　当該合意をした日において、当該後継者が所有する当該特例中小企業者の株式等のうち当該合意の対象とした株式等を除いたものに係る議決権の数が総株主又は総社員の議決権の百分の五十以下の数であったこと。

四　第四条第三項の規定による合意をしていること。

2　前項の確認の申請は、経済産業省令で定めるところにより、第四条第一項の規定による合意をした日から一月以内に、次に掲げる書類を添付した申請書を経済産業大臣に提出してしなければならない。

一　当該合意の当事者の全員の署名又は記名押印のある次に掲げる書面
イ　当該合意に関する書面
ロ　当該合意の当事者の全員が当該特例中小企業者の経営の承継の円滑化を図るために当該合意をした旨の記載がある書面
二　第四条第一項第二号に掲げる内容の定めをした場合においては、同号に規定する証明を記載した書面
三　前二号に掲げるもののほか、経済産業省令で定める書類
3　第四条第一項の規定による合意をした後継者が死亡したときは、その相続人は、第一項の確認を受けることができない。
4　経済産業大臣は、第一項の確認を受けた者について、偽りその他不正の手段によりその確認を受けたことが判明したときは、その確認を取り消すことができる。

（家庭裁判所の許可）

第八条　第四条第一項の規定による合意（第五条又は第六条第二項の規定による合意をした場合にあっては、第四条第一項及び第五条又は第六条第二項の規定による合意）は、前条第一項の確認を受けた者が当該確認を受けた日から一月以内にした申立てにより、家庭裁判所の許可を受けたときに限り、その効力を生ずる。
2　家庭裁判所は、前項に規定する合意が当事者の全員の真意に出たものであるとの心証を得なければ、これを許可することができない。
3　前条第一項の確認を受けた者が死亡したときは、その相続人は、第一項の許可を受けることができない。

（合意の効力）

第九条　前条第一項の許可があった場合には、民法第千二十九条第一項の規定及び同法第千四十四条において準用する同法第九百三条第一項の規定にかかわらず、第四条第一項第一号に掲げる内容の定めに係る株式等並びに第五条及び第六条第二項の規定による合意に係る財産の価額を遺留分を算定するための財産の価額に算入しないものとする。

2　前条第一項の許可があった場合における第四条第一項第二号に掲げる内容の定めに係る株式等について遺留分を算定するための財産の価額に算入すべき価額は、当該定めをした価額とする。
3　前二項の規定にかかわらず、前条第一項に規定する合意は、旧代表者がした遺贈及び贈与について、当該合意の当事者（民法第八百八十七条第二項（同条第三項において準用する場合を含む。）の規定により当該旧代表者の相続人となる者（次条第四号において「代襲者」という。）を含む。次条第三号において同じ。）以外の者に対してする減殺に影響を及ぼさない。

（合意の効力の消滅）
第十条　第八条第一項に規定する合意は、次に掲げる事由が生じたときは、その効力を失う。
一　第七条第一項の確認が取り消されたこと。
二　旧代表者の生存中に後継者が死亡し、又は後見開始若しくは保佐開始の審判を受けたこと。
三　当該合意の当事者以外の者が新たに旧代表者の推定相続人となったこと。
四　当該合意の当事者の代襲者が旧代表者の養子となったこと。

（家事審判法の適用）
第十一条　第八条第一項の許可は、家事審判法（昭和二十二年法律第百五十二号）の適用については、同法第九条第一項甲類に掲げる事項とみなす。

第三章　支援措置

（経済産業大臣の認定）
第十二条　次の各号に掲げる者は、当該各号に該当することについて、経済産業大臣の認定を受けることができる。
一　会社である中小企業者（金融商品取引法第二条第十六項に規定する金融商品取引所に上場されている株式又は同法第六十七条の十一第一項の店頭売買有価証券登録原簿に登録されている株式を発行している株式会社を除く。）　当該中小企業者における代表者の死亡等に起因する経営の承継に伴い、死亡したその代表者（代表者であった者を含む。）又は退任したその代表者の資産のうち当該中小企業者の事業の実施に不可欠なものを取得するために多額の費用を要することその他経済産業省令で定める事由が生じているため、当該中小企業者の事業活動の継続に支障が生じていると認められること。

二　個人である中小企業者　他の個人である中小企業者の死亡等に起因する当該他の個人である中小企業者が営んでいた事業の経営の承継に伴い、当該他の個人である中小企業者の資産のうち当該個人である中小企業者の事業の実施に不可欠なものを取得するために多額の費用を要することその他経済産業省令で定める事由が生じているため、当該個人である中小企業者の事業活動の継続に支障が生じていると認められること。

2　前項の認定に関し必要な事項は、経済産業省令で定める。

（中小企業信用保険法の特例）

第十三条　中小企業信用保険法（昭和二十五年法律第二百六十四号）第三条第一項に規定する普通保険、同法第三条の二第一項に規定する無担保保険又は同法第三条の三第一項に規定する特別小口保険の保険関係であって、経営承継関連保証（同法第三条第一項、第三条の二第一項又は第三条の三第一項に規定する債務の保証であって、前条第一項の認定を受けた中小企業者（以下「認定中小企業者」という。）の事業に必要な資金に係るものをいう。）を受けた認定中小企業者に係るものについての次の表の上欄に掲げる同法の規定の適用については、これらの規定中同表の中欄に掲げる字句は、同表の下欄に掲げる字句とする。

第三条第一項	保険価額の合計額が	中小企業における経営の承継の円滑化に関する法律第十三条に規定する経営承継関連保証（以下「経営承継関連保証」という。）に係る保険関係の保険価額の合計額とその他の保険関係の保険価額の合計額とがそれぞれ
第三条の二第一項及び第三条の三第一項	保険価額の合計額が	経営承継関連保証に係る保険関係の保険価額の合計額とその他の保険関係の保険価額の合計額とがそれぞれ
第三条の二第三項	当該借入金の額のうち	経営承継関連保証及びその他の保証ごとに、それぞれ当該借入金の額のうち

	当該債務者	経営承継関連保証及びその他の保証ごとに、当該債務者
第三条の三第二項	当該保証をした	経営承継関連保証及びその他の保証ごとに、それぞれ当該保証をした
	当該債務者	経営承継関連保証及びその他の保証ごとに、当該債務者

（株式会社日本政策金融公庫法及び沖縄振興開発金融公庫法の特例）

第十四条　株式会社日本政策金融公庫又は沖縄振興開発金融公庫は、株式会社日本政策金融公庫法（平成十九年法律第五十七号）第十一条又は沖縄振興開発金融公庫法（昭和四十七年法律第三十一号）第十九条の規定にかかわらず、認定中小企業者（第十二条第一項第一号に掲げる中小企業者に限る。）の代表者に対し、当該代表者が相続により承継した債務であって当該認定中小企業者の事業の実施に不可欠な資産を担保とする借入れに係るものの弁済資金その他の当該代表者が必要とする資金であって当該認定中小企業者の事業活動の継続に必要なものとして経済産業省令で定めるもののうち別表の上欄に掲げる資金を貸し付けることができる。

2　前項の規定による別表の上欄に掲げる資金の貸付けは、株式会社日本政策金融公庫法又は沖縄振興開発金融公庫法の適用については、それぞれ同表の下欄に掲げる業務とみなす。

（指導及び助言）

第十五条　経済産業大臣は、中小企業者であって、その代表者の死亡等に起因する経営の承継に伴い、従業員数の減少を伴う事業の規模の縮小又は信用状態の低下等によって当該中小企業者の事業活動の継続に支障が生じることを防止するために、多様な分野における事業の展開、人材の育成及び資金の確保に計画的に取り組むことが特に必要かつ適切なものとして経済産業省令で定める要件に該当するものの経営に従事する者に対して、必要な指導及び助言を行うものとする。

第四章　雑則

（権限の委任）

第十六条　この法律に規定する経済産業大臣の権限は、経済産業省令で定めるところにより、経済産業局長に委任することができる。

附　則

（施行期日）

第一条　この法律は、平成二十年十月一日から施行する。ただし、第二章の規定は、公布の日から起算して一年を超えない範囲内において政令で定める日から施行する。

（相続税の課税についての措置）

第二条　政府は、平成二十年度中に、中小企業における代表者の死亡等に起因する経営の承継に伴い、その事業活動の継続に支障が生じることを防止するため、相続税の課税について必要な措置を講ずるものとする。

（検討）

第三条　政府は、この法律の施行後五年を経過した場合において、この法律の施行の状況について検討を加え、必要があると認めるときは、その結果に基づいて所要の措置を講ずるものとする。

一　小口の資金	株式会社日本政策金融公庫法第十一条第一項第一号の規定による同法別表第一第一号の下欄に掲げる資金の貸付けの業務又は沖縄振興開発金融公庫法第十九条第一項の業務
二　農林漁業の持続的かつ健全な発展に資する長期かつ低利の資金	株式会社日本政策金融公庫法第十一条第一項第一号の規定による同法別表第一第八号の下欄のチ、ヲ若しくはタに掲げる資金の貸付けの業務又は沖縄振興開発金融公庫法第十九条第一項の業務
三　長期の資金（前号に掲げるものを除く。）	株式会社日本政策金融公庫法第十一条第一項第一号の規定による同法別表第一第十四号の下欄に掲げる資金の貸付けの業務又は沖縄振興開発金融公庫法第十九条第一項の業務

松本賢人（鳥飼総合法律事務所　弁護士）

①早稲田大学政治経済学部政治学科卒業

②『株主総会の議案・参考書類作成の実務』（清文社・共著）
　『新会社法適用　定款変更と企業防衛対策の実務』（清文社・共著）
　『改正破産法の実務 Q&A』（中央経済社・共著）
　『実践企業組織改革②株式交換移転・営業譲渡―法務・税務・会計のすべて』
　（税務経理協会・共著）
　『平成 13 年 11 月成立　株式制度・株主総会　改正商法の実務 Q&A』
　（中央経済社・共著）

福﨑剛志（鳥飼総合法律事務所　弁護士）

①広島大学法学部法律学科卒業

②『株主総会の議案・参考書類作成の実務』（清文社・共著）
　『新会社法適用　定款変更と企業防衛対策の実務』（清文社・共著）
　『改正破産法の実務 Q&A』（中央経済社・共著）
　『Q&A わかりやすい改正会社更生法』（清文社・共著）

堀招子（鳥飼総合法律事務所　弁護士）

①津田塾大学学芸学部数学科卒業

②『プロが教える　中小企業の新「会社法」対策 Q&A 135 問 135 答』（TKC 出版・共著）
　『税理士のための不服申立て・税務訴訟の実務』（清文社・共著）
　『改正破産法の実務 Q&A』（中央経済社・共著）など

渡辺拓（鳥飼総合法律事務所　弁護士）

①早稲田大学大学院法務研究科修了

②なし

島村謙（鳥飼総合法律事務所　弁護士）

①横浜国立大学大学院国際経済法学研究科（国際租税法専攻）修了

②なし

野村彩（鳥飼総合法律事務所　弁護士）

①立教大学大学院法務研究科修了

②なし

◎著者一覧（著者名　①最終学籍　②著作・論文）

鳥飼重和（鳥飼総合法律事務所　代表弁護士）（第1部第1章担当）
①中央大学法学部卒業。税理士事務所勤務後、弁護士登録。
企業法務、税務訴訟などを専門分野としている。日本税理士会連合会顧問、中小企業庁事業承継協議会審議委員、日本取締役協会内部統制部会副座長。
②〔主な著書〕『豊潤なる企業―内部統制の真実』（清文社）
『平成20年　株主総会徹底対策』（商事法務・共著）
『株主総会の議長・答弁役員に必要なノウハウ』（商事法務）
『リーガルマインド養成講座』（商事法務）
『新会社法適用　定款変更と企業防衛対策の実務』（清文社・編著）
『実践企業組織改革①合併・分割―法務・税務・会計のすべて（四訂版）』（税務経理協会・監修）他多数

村瀬孝子（鳥飼総合法律事務所　パートナー弁護士）
①お茶の水女子大学家政学部卒業
②『非公開会社のための新会社法』（商事法務・共著）
『実務相談　株式会社法（補遺）』（商事法務・共著）
『会社法務質疑応答集』（第一法規出版・共著）
『企業組織再生プランの法務＆税務』（清文社・共著）
『経営者のための事業再編ハンドブック』（中央経済社・共著）など

権田修一（鳥飼総合法律事務所　パートナー弁護士）
①早稲田大学社会科学部卒業
②『債権回収基本のき』（商事法務）
『会社法務質疑応答集』（第一法規出版・共著）
『株主総会の議案・参考書類作成の実務』（清文社・共著）
『新会社法適用　定款変更と企業防衛対策の実務』（清文社・共著）
『プロが教える　中小企業の新「会社法」対策Q&A 135問135答』（TKC出版・共著）
『税理士のための民事再生法ガイドブック』（中央経済社・編著）など

内田久美子（鳥飼総合法律事務所　パートナー弁護士）
①慶応義塾大学文学部卒業
②『演習ノート租税法』（法学書院・共著）
『会社法務質疑応答集』（第一法規出版・共著）
『プロが教える　中小企業の新「会社法」対策Q&A 135問135答』（TKC出版・共著）
『税理士のための不服申立て・税務訴訟の実務』（清文社・共著）など

佐藤香織（鳥飼総合法律事務所　弁護士）
①学習院大学法学部法学科卒業
②『株主総会の議案・参考書類作成の実務』（清文社・共著）
『実践企業組織改革①合併・分割―法務・税務・会計のすべて（四訂版）』（税務経理協会・共著）など

鳥飼総合法律事務所
弁護士23名、他に税務訴訟専門の税理士がいる。
〒101-0052　東京都千代田区神田小川町1丁目3番1号
NBF小川町ビルディング6階（受付）・4階
TEL. 03(3293)8817（代表）　FAX. 03(3293)8818
URL：http://www.torikai.gr.jp/

2008年8月11日　第1刷発行
2008年8月15日　第2刷発行

経営《けいえい》承継《しょうけい》円滑《えんかつ》化法《かほう》と民法特例《みんぽうとくれい》の法実務《ほうじつむ》

編　著　鳥飼《とりかい》　重和《しげかず》 ©

発行者　小泉　定裕
発行所　株式会社清文社　URL：http://www.skattsei.co.jp/
東京都千代田区神田司町2の8の4（吹田屋ビル）
〒100-0048　電話 03(5289)9931　FAX 03(5289)9917
大阪市北区天神橋2丁目北2の6（大和南森町ビル）
〒530-0041　電話 06(6135)4050　FAX 06(6135)4059
印刷所　美研プリンティング株式会社

ISBN978-4-433-34478-8　C2034